【サラワク周辺図】

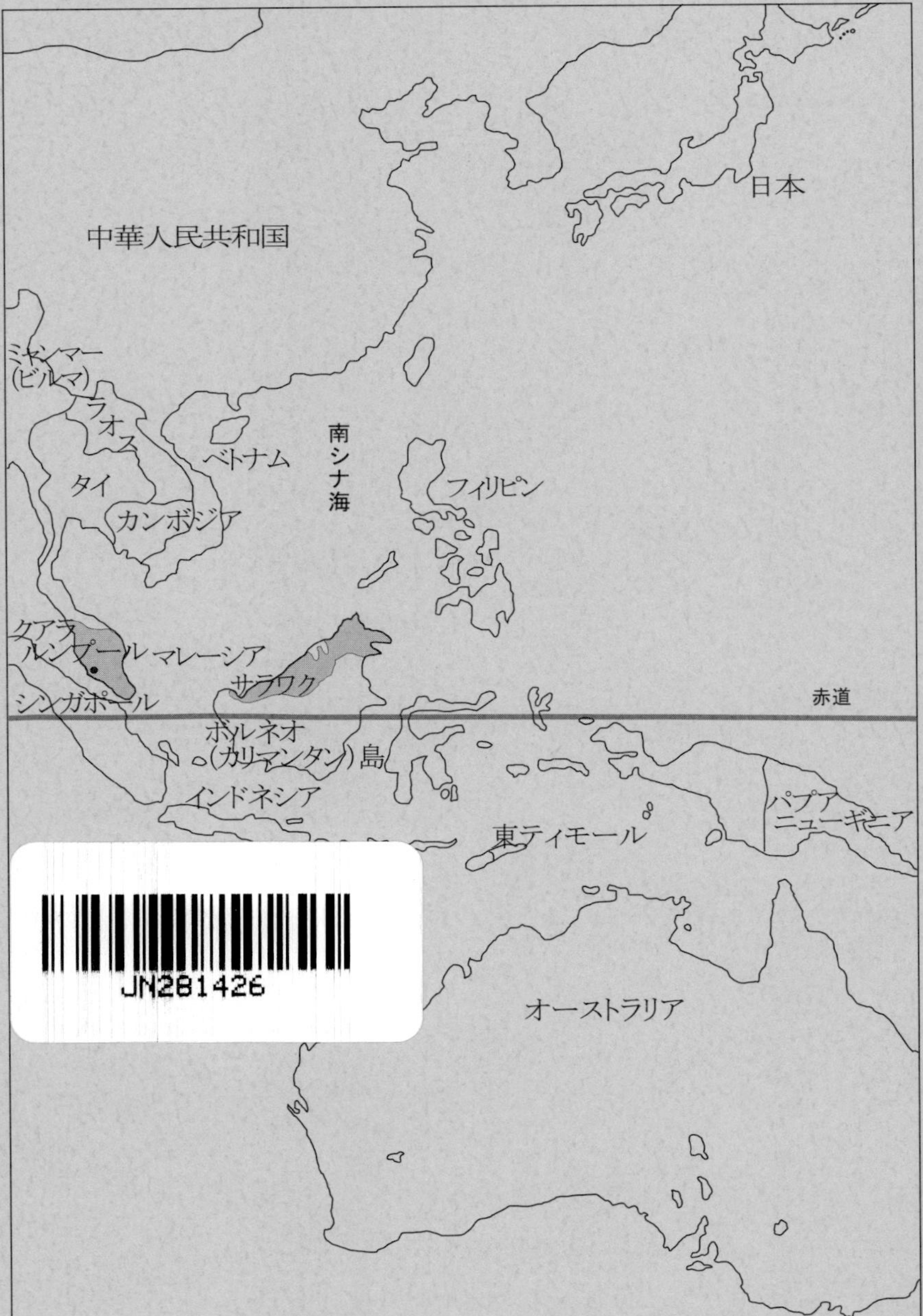

日本
中華人民共和国
ミャンマー
（ビルマ）
ラオス
ベトナム
南シナ海
フィリピン
タイ
カンボジア
クアラ
ルンプール
マレーシア
サラワク
シンガポール
赤道
ボルネオ
（カリマンタン）島
インドネシア
パプア
ニューギニア
東ティモール
オーストラリア

生きる力を育てる修学旅行

いのちの森サラワクで学ぶ

野中春樹

コモンズ

はじめに

一九九七年の夏、初めてロングボートで熱帯雨林の中の川をさかのぼってロングハウスに着いたとき、なぜかブラジルのジャングルに帰ったような気持ちになった。サラワクとブラジルはずいぶん離れているのに、人も自然もとてもよく似ている。それ以来、高校生といっしょに毎年サラワクを訪れてきた。

ぼくが勤務する広島工業大学附属中学校・広島高等学校では、九五年から選択制の修学旅行を始めた。高校二年生の夏、冬、春の長期休暇を利用して、目的、費用、期間の異なる複数の修学旅行を実施している。コースはこれまでいろいろ変えてきたが、コースをつくるときに「生徒たちの未来につながる体験を仕組む」「体験の深化を図る」「活動を能動化させる」という三つの基本姿勢を重視することは、一貫して変わらない。

サラワク修学旅行はそうしたコースの一つとして九八年に開始され、毎

年、男女約二〇名の生徒が参加している。生徒たちはマレーシア・サラワク州（ボルネオ島）の先住民族イバンの人びとを訪ね、彼らが共同生活するロングハウスという大きな家にホームステイする。最初の二年間はルマ・レンガン村、二〇〇〇年からはルマ・セリ村のロングハウスを訪問している。

すでに何度も行って安全だとわかってはいるが、修学旅行の直前になるとやはり緊張する。でも、旅行を終えて広島に戻ってきたとき、生徒一人ひとりの顔が輝き、みんなの絆が深まっているのを見ると、疲れが吹っ飛ぶ。そして、「来年もまたやろう」という気持ちになる。

生徒が変化する姿を目の当たりにするほど、幸せなことはない。「人間ってこんなに変わるんだ」と実感する。教員やスタッフは、修学旅行を終えた生徒が語る言葉にいつも感動させられる。この本を読まれた方も、きっと生徒のパワーに圧倒されるだろう。

ぼくはこれまで、自分の体で体験して学ぶことを大切にして生きてきた。七八年にブラジルに移住し、生き方が一八〇度変わった。ブラジルで「世界」と「自分」に出会えたからだ。九一年に日本に戻ってきてからは、現在の学校で社会科の教員として働いている。当初、社会科の教員としてはまったく準備不足だったが、中学生・高校生に世界と自分に出会う体験をしてほしいという思いだけは強くもっていた。サラワク修学旅行のアイディアは、こうした思いから生まれたのである。

第1章は、生徒たちがサラワクのロングハウスの生活や都市で見たこと、感じたこと、考えたことを、できるだけ詳しく伝えている。第2章では、ぼくが日本からブラジルに移住し、再び日本に戻ってこの修学旅行を始めるまでの経緯を簡単に書いた。

第3章は出発する前に生徒が何を準備しているか、第4章は日本に帰ってきた生徒がまわりの人に体験をどう伝えているかを、それぞれ紹介した。カリキュラムについても詳しく書いたから、とくに教員の方々には参考になるだろう。

第5章では、旅行から帰ってきた生徒や卒業生が大きく変化する姿、子どもを送り出した保護者の思いを伝えた。そして第6章では、毎年の旅行をとおして生徒が変わる様子を見てきたなかでぼくが気づいた、いまの子どもたちが本当に必要としている学びについて述べている。

なお、この本では二〇〇二年度に行った修学旅行を中心にして、ところどころにほかの年度の活動や生徒のコメントを紹介する形をとった。

第1章

ロングハウスで暮らす

半年間の事前学習を終えた二一名の生徒が、保護者に見送られて広島空港を出発した。生徒たちが向かったのは赤道直下の国マレーシアのサラワク州で、一〇日間を過ごす。生徒たちはサラワクの地で何を体験し、何を感じたのだろうか。

1　サラワク初体験

♪旅の始まりはクチン

二〇〇二年七月二四日午前九時、二一人の生徒と六人のスタッフが広島空港に集まった。生徒たちの表情には、この修学旅行への期待感がみなぎっていた。

「広島空港に向かう車の中で、昨夜のあわただしさの割には、意識ははっきりと澄んでいた。空には薄い雲が広がり、その間から淡い光が差し込んでいる。目ははっきりと開き、腹の底には期待と好奇心を抱えている。満足感の前兆を感じ始めていた」（黒瀬裕司）

見送りに来ている保護者がやや不安な面持ちで生徒を取り囲むなか、ロビーで出発前のミーティングが行われた。まず、旅に同行するアジアボランティアセンター（ＡＶＣ）[1]の荒川共生さん、地球市民共育塾の荒川純太郎さん[2]、看護師の山口郁子さんが挨拶する。次に、校長から生徒への激励の言葉があった。

このサラワク修学旅行は、広島工業大学附属広島高校と、アジアボランティアセンター、地球市民共育塾、Society of Christian Service（SCS）[3]の三つのNGOが協力して、計画・準備・実施にあたっている。運営するスタッフは、ぼくを含めた教員二人、荒川共生さん、荒川純太郎さん、看護師と旅行会社の添乗員一人ずつの計六人だ。現地では、これにSCS事務局長のファビアン・アジャ・サギンさんが加わる。

マレーシアはマレー半島（一一州）とボルネオ島北西部の東マレーシア（サラワク州、サバ州）とから成り、マレー人、華人（中国人）、インド人、少数民族などから構成される多民族国家だ。[4]ただし、半島部とサラワク州・サバ州とでは民族構成がかなり異なる。半島部はマレー人が五八％を占め、華人（二七％）、インド人（八％）と続くのに対して、サラワク州ではイバン人が二九％ともっとも多く、華人（二七％）、マレー人（二一％）、ビダユ人（八％）、ムラナウ人（六％）、その他の少数民族（六％）となっている。

生徒が訪れるのはサラワク州だ。都市部のクチンとシブで三日間を過ごした後、イバン人のロングハウス（ルマ・セリ村）で六日間ホームステイし、最後にクチンに戻って一日滞在する。

飛行機は定刻の午前一〇時四〇分に広島を出発し、現地時間で夕方の五時半にシンガポールのチャンギ空港に到着した。クチン行きの出発ロビーに入ると日本人の数がめっきり少なくなり、案内の放送もマレー語と英語だけだ。そうした変化に、生徒は少しずつマレーシアにやって来た実感をもち始めている。

クチン行きの飛行機は、整備の関係で二時間遅れで出発した。一時間ほど経って、スタッフの一人の「クチンの街が見える」という声に、生徒たちが一斉に窓の外をのぞき込む。きらきらと輝く街の灯りが目に飛び込んできた。みんな興奮気味だ。

クチン空港では、旅行中のガイドをしてくれるチャイ・シワさんの出迎えを受けた。チャイさんはマレーシア生まれの華人で、東京農工大学に留学した経験があり、日本語をとても流暢に話す。その温かい人柄は、サラワク修学旅行に参加した生徒からいつも慕われている。

クチンはサラワク州の州都で、人口は約五〇万人。[5] アジア太平洋戦争中は約三年半、日本の占領下におかれていた。街はサラワク川をはさんで南北に分かれ、北側にマレー人、南側に華人が多い。

空港からバスで市内に向かう。生徒たちはチャイさんのガイドを聞きながら、サラワクに着いた感動をかみしめるように、初めて見るクチンの街並みを静かに見つめていた。

「クチンの街には西洋風の建物や中華風の建物があったり、看板もマレー語、中国語、英語とあって、さまざまな文化が存在している。なぜだか理由はわからないが、そのときサラワクと日本の街並みがどこか、だぶって見えるような気がした」(黒瀬裕司)

生徒たちが宿泊するホテルに到着したとき、時計の針はすでに夜の一一時を回っていた。

♪サロンに目移り

サラワクで最初の朝だ。朝食後ホテルを出て、サラワク川沿いの遊歩道をクチン市の中心部

に向かって散策した。クチンの街が想像以上に発展しているのに驚く生徒もいる。

「サラワクに着いて思ったのは、ここが日本と変わらないぐらい発展しているということでした。別に、サラワクが貧しくて何もないところだと思っていたわけではないし、マレーシアがかなり発展しているということは事前に聞いてはいましたが、やはり意外でした」（河口剛輝（かわぐちごうき））

対岸には王宮やマルゲリータ砦が見え、渡し舟が行き来している。[6] チャイさんのガイドで、旧裁判所や市場の前を通って、通称「インド人通り」へ向かう。

途中、頭にスカーフをかぶり、丈の長いブラウスを着て長いスカートをはいた女性、インドのサリーを着た女性、頭に長いターバンを巻いた男性など、さまざまな衣服を身につけた人びとに出会う。華人の姿も多い。

まず、サロンを購入するために布地の店に入った。ロングハウスで着るために必要なのだ。サロンは一枚の大きな布を筒状に縫い、腰のところで巻いて使用する。巻き方は人によって違う。女性用は色・柄ともに豊富で、女子生徒は目移りして選ぶのに時間がかかる。

♪現実のものとなった熱帯雨林

その店から五分ぐらい歩いたところにサラワク博物館がある。東南アジア有数の民族博物館だという。生徒たちは、チャイさんの詳しい説明を聞きながら、ボルネオ島の珍しい哺乳動物、爬（は）虫類、鳥類など動植物の標本、先住民族の住居、農具や漁具などの生活用品、民族楽器などを見て回った。自分が興味をもっている展示の前では、食い入るように見入っている。なかでも、イバン人のロングハウスを再現した部屋に入ったときには、二日後に自分たちが訪問することを考えて、自然と見学に力が入ったようだった。

「一番驚いたのがワニの話だった。『魔術』で捕まえるそうだ[7]。二階は文化が中心で、サラワクの歴史が描かれた壁、偶像の神様がたくさん置かれた部屋、ロングハウスの様子、耳飾り、長い吹き矢……。再現されたロングハウスの部屋に入ると、天井に『人の頭骨（とうこつ）』がいっぱいあってびっくりした[8]。『ホームステイ先の家にもあったらどうしよう』と思うと不安になった」（脇山都（わきやまみやこ））

この博物館の見学で、生徒たちがそれまで漠然と想像していた熱帯雨林の世界が、現実のものとなった感じだ。見るもの見るものに圧倒され、二時間の見学時間があっという間に過ぎていく。

「動物の種類にまずびっくりした。もう二時間ぐらいいても飽きないほど、楽しかった。さすが熱帯の地域で、不思議な生き物の宝庫だ。先住民の文化もこの目で感じることができた。あの中にいると、不思議と生命力のような見えない力を感じる。ずっと昔から繰り返されてきた歴史の声が聞こえるようだった」（渡辺真実）

昼食は、バイキング形式のマレー料理だ。ココナッツ風味のジャックフルーツの煮物、カレー風味の鶏肉の煮物、唐辛子とココナッツ風味のスープに魚介類が入ったピリ辛麺、マレーシア風チャーハンなど、生徒にとって珍しい食べものばかり。初体験の食材や慣れない味付け（香辛料）にとまどいながら、ここでくじけてはまずいと思い、恐る恐る口に運ぶ生徒もいる。

午後は合板工場の見学だ。工場に着いてバスから降りると、さすがに日差しが強い。みんなあわてて帽子をかぶった。まず二階の事務所に通されて会社についての説明を受け、三つのグループに分かれて工場を見学する。船を使って運び込まれる原木から合板ができあがるまでの工程が間近に見られた。

生徒たちはこの日、ふだん何気なく使ってきた合板がどのようにして製造されるのかを知る。しかも、この工場でつくられた合板の多くが日本に輸出されているとわかったとき、生徒のなかで日本とサラワクがつながった。

「合板があんなに丁寧に何段階にも分けて製造されているなんて、思わなかった。一つ一つの作業に、すごく大きな苦労がかかっている。しかも、日本にある木製の品物があのようにしてできあがっているなんて考えもしなかったし、私はそのことを軽く見ていたと思う。伐採の影響によって木の幹がだんだん細くなっていて、何年後かには採れなくなると聞いて、大問題だと思った。このようなことに大きくかかわっている日本で、それが知られていないのはどうしてなのかと思う」(廣永智子(ひろながともこ))

工場見学が終わりに近づいたころ、突然激しいスコールが降り出した。初めて見るスコールに感動。生徒にとって、天気の一つ一つも異文化体験である。

「はじめてのスコールの体験にワクワクした。外を見たら激しい雨に視界が遮られ、木が風雨によってすごい圧力を受けていることに気づく。それまで工場の音が大きすぎて気づかなかったようだ。工場に着いたときは日がすごく照っていたのに、いつの間にこんな天気になったのだろう。雨がなかなか止まず、外に出られないので、迎えのバスが工場の中まで入ってきた。その間に私たちは工場の人たちと仲良くなった。こんな出会いもいいな」(脇山都)

♪日本につながるアブラヤシ・プランテーション

三日目の朝、バスでアブラヤシ・プランテーション(9)に向かった。アブラヤシは西アフリカ原産のヤシ科の植物だ。植えて三年で収穫できるようになり、その後約二四年間、通年で収穫で

アブラヤシ・プランテーションも日本と深いつながりがある

きる。実の果肉からパーム油、種子からパーム核油が採れる。実は切り取るとすぐに加水分解が始まり、劣化しやすいので、貯蔵できない。そこで、収穫後できるだけ早く搾油するために、工場はプランテーションの近くに建設される。工場を効率的に稼働させるためには、大量のアブラヤシが供給できる大規模なプランテーションが必要となる。

三〇分ぐらい走ると、道の両側にいろいろな種類のヤシ科の植物⑩が見え出す。この修学旅行で初めての熱帯地方らしい光景に、生徒たちは興奮気味にカメラを向けている。

プランテーションに到着してまず訪れたのは、ゴム工場の跡地だ。チャイさんの説明によると、ここには昔、天然ゴムの畑があった。マレーシアは一九五〇年代から八〇年代にかけて世界最大の天然ゴム生産国だったが、合成ゴムの普及によって多くのゴム園がアブラヤシ農園へ変わったという。

プランテーションの中で高さ一〇メートル近くあるアブラヤシの木を前にして、実の採集や搾油方法について説明を聞く。生徒たちは実を自分の手に取り、じっくり観察している。

「アブラヤシの木は、予想以上に立派な植物だった。大きく成長したものからとれた実はオレンジ色をしていて、直径四センチほどで、一つの場所にたくさん集められていた。現在アジアでもっとも価値がある作物の一つで、マレーシアは世界の半分以上を生産している。まさに主力商品で、それだけの存在感を感じる。だが、その裏には環境破壊や農薬汚染、労働者問題などさまざまな問題がある。みんなはそれを知ったうえで、真剣にプランテーションを見つめていた。ここからできた原料は、そのほとんどが日本に輸出される。それは、需要が高く、用途はさまざま(たとえば、洗剤・化粧品・お菓子・食品など)であっても、日本の生活の中のどこかで必ず私たちの手元にやってくる。複雑な関係の中に私たちは立っている。そんな罪悪感にも似たやりきれなさが、頭の中で渦を巻いていた」(渡辺真実)

プランテーションの中をしばらく歩くと、クチンの日本人会が管理する依岡(よりおか)神社があった。[11]生徒たちは思わず懐かしい気持ちになっている。さらに、この農園には一九三〇年代に沖縄や北海道から移民がやって来たことを知り、サラワクと日本とのつながりをいっそう強く感じたようだ。

プランテーションを後にして向かったのは、クチン市内にある日本人墓地[12]だった。ここには戦前の移住者、アジア太平洋戦争によって死んだ民間人や軍人、からゆきさん[13]の墓がある。生徒たちは墓標に刻まれた名前や出身地、死亡年月日、死亡原因を見て回りながら、自分たちと違う理由とはいえ、同じサラワクの地に日本人がいたということを実感して、すっかり感傷に浸っている。

「日本人墓地に行って、日本の軍人がこの国でたくさん死んでいるのを見て、この国の人たちが戦争によって大変な思いをしたのだと思った。また、農業をするために来た人や『からゆきさん』など、自らの意志で来た人、連れて来られた人などさまざまだけど、みんな日本の地をなつかしく思いながら死んでいったのかと思うと、なんともいえない気持ちになった」（花房育美（はなぶさいくみ））

♪イバンの人たちとの出会い

昼食後、飛行機でクチンからシブへ飛ぶ。飛行時間は約三〇分。生徒たちは窓から、見渡すかぎり広がる熱帯雨林とその間を蛇行する河川に見入っている。ところどころに、整然と並ぶアブラヤシ・プランテーションが見える。シブ空港ではSCSのアジャさんが生徒の到着を待ちわびていた。

シブはサラワク州の中央にあり、ラジャン川の中流に位置する人口一三万人程度の都市だ。川底が深く、大型船が入港できる港を備え、川沿いに点在する製材所から木材の積み出しが行われる、木材業の中心地である。福州（フーチョウ）（福建省）出身の華僑・華人が多く、商売の活気に満ちている。モスクや中国寺院より教会が多いのも特徴だ。ホテルに着いてから夕方までは、部屋で休んだり市内を散策したりして、それぞれが思い思いに過ごす。

夕方六時にバスが迎えにきて、ホテルから三〇分ぐらいのところにあるアジャさんの家へ向かった。

「アジャさんのお宅につくと、道路には元気に走り回る子どもたちとネコがわんさかいた。パーティーの準備ができるまで、近所に挨拶に回る。片言の英語でも通じ、初対面ながらとってもフレンドリーな人たちだった。日本のことにも興味津々といった感じだ。子どもたちとは『あっち向いてホイ』や追いかけっこをして遊んだ。向かいの家の人と住所を教え合っている生徒もいた。おとなも子どもも楽しそうにおしゃべりをしている涼しい夕べ……。それはなんだか懐かしい光景だった。昔、自分がまだ小さいころにも、こんな風に遊んでいたような気がする」(渡辺真実)

その夜、アジャさんの家に集まってきたのは、SCSのスタッフや会員、アジャさんの家族、それに近所の人たちで、ほとんどがイバン人だ。生徒たちはいよいよイバン人と出会い、イバン語を話す。

一五畳ぐらいの大きさの部屋で、生徒を含めておよそ六〇人が床の上に輪になって座った。食事のメニューは、カレー、焼きそば、鶏肉の煮物、野菜炒め、ご飯など。生徒は大変な気に入りようで、テーブルの上に並べられた料理を何度もおかわりする生徒もいた。その後、アジャさんの挨拶と、イバンの人たちと日本人の自己紹介、サロンの着付けなどがあり、楽しい雰囲気のなかで時間があっという間に過ぎていく。最後に、生徒たちが感謝の気持ちを込めて「よさこいソーラン」を踊り、アカペラで「Believe」を合唱する。

一行はお礼を言い、別れを惜しみながらバスに乗り込んだ。イバンの人たちが手を振る姿を目にしっかりと焼き付けておきたくて、みんなバスの中で立ち上がっていた。彼らの大半とは、もうこの旅行で再会することはないと思うと寂しかったが、このとき明るく優しいイバン人が大好きになったようだ。しばらくの間、みんなで楽しかったことを語り合いながらはしゃいでいた。

ホテルに着いた後、近くの夜店を希望者だけで見て回る。

「夜店にはその土地の文化のオーラが漂っている。異文化ながらどこか懐かしいその場所を目に焼き付け、部屋に戻った。ルマ・セリ入村への不安などはほとんど消え去り、ただ明日を待ち遠しく思うばかりだ。明日はついに、運命の出会いが待っている」(渡辺真実)

♪市場の衝撃

サラワクで四日目の朝を迎える。朝食の後、歩いてSCSの事務所に向かった。事務所では、アジャさん、エリザベスさん、ロスさんの三人の専従職員が働いている。小さな事務所に、生徒とスタッフがなんとか収まった。生徒は事務所の壁に貼られた写真を眺めている。まずアジャさんからSCSの経緯と活動についての説明を聞いて、生徒が活動資金や日本の援助

先輩が集めた募金をアジャさんに手渡す

などについて質問した。

「事務所の壁の一角には写真がずらっと並んでいて、先輩がいっぱい映っていた。この修学旅行は今回で五回目で、毎回二〇人近くの人が参加している。つまり今回で一〇〇人を越えたことになる。記念すべきと言うと、なんか変だけど、高校時代にこんな体験をした人が一〇〇人もいると考えると、なんだかすごいなあと思った」(岩田和彦)

次は、公設市場の見学だ。広いスペースで、たくさんの店が食料品や衣料品を売っている。日本では見たことがないものがたくさんあって、生徒たちは無我夢中で見て回る。スターフルーツ、ライチ、マタクチン(リュウガン)などの果物を買って試食する生徒もいる。動いているゾウムシの前を通ったときには、あまりの驚きに声も出ない。そして、ひときわ生徒の注目を集めたのが、生きたまま売られている鶏やアヒルだった。

「ある所に来ると足が止まった。先輩から話を聞いていたとおり、例のニワトリがいたのだ。新聞紙に包まれたニワトリが……。なんか、ものすごく不自然。ゴムをはずして新聞紙を取ったら、やっぱり歩き出すのかなあと思うと、なかなか目が離せなかった。買ったところでどうしようもないので、名残惜しくその場を離れた」(岩田和彦)

その後、各自が自由にシブの街を散策する。バスが扉を開けて走っているのを見かけたり、車がたくさん行き交う道路を渡るタイミングがわからず、現地の人の真似をしながらやっとの思いで渡ったりと、驚きの連続だった。

「日本にもありそうなデパートがあった。日本の漫画が、吹き出しがマレー語に訳されて、たくさん売られていた。うれしかった。車と車の間(スキ)をすかさず渡るのが普通なのにびっくりした。そこら中にマレー語やイバン語、中国語で書かれたものがあり、

生きたまま売られている鶏にびっくり

異国だなあと少しボーっとした」(上本聡宏)

(1) 特定非営利活動法人アジアボランティアセンター(AVC)は、アジア・太平洋の各地域別・課題別の「アジア理解セミナー」や「ボランティア入門講座」、NGO活動の現地体験学習としての「スタディーツアー」などをとおして、アジアの草の根の視点でよりよい社会を実現していく人材育成を行っているNGOである。一九九六年に設立された。サラワク修学旅行では、職員の荒川共生さんが中心となって、サラワク州でのカウンターパートであるSociety of Christian Service(SCS)と密接な連絡・調整をしながらプログラムをつくっていく。〈連絡先〉大阪市北区茶屋町二―三〇、電話06(6376)3545、FAX06(6376)3548。

(2) 荒川純太郎さんはキリスト教の牧師として家族とともにサラワク州に三年三カ月滞在した経験があり、サラワク修学旅行では生徒とイバン社会の橋渡し的役割を果たしている。一九九八年に、それまで働いていた広島市内の教会を離れて、家族とともに広島県三次市三和町敷名に移住した。そこで、農と自然にふれ、人と人が出会うなかで自分らしさを回復できるような場として「共生庵」を開設し、同時にそのためのさまざまなプログラムを提供している。それらの活動の総称が「地球市民共育塾」だ。日本の過疎の農村からアジアの農村に出ていく人材育成とアジアとの交流もめざしている。〈連絡先〉広島県三次市三和町敷名一一一六、電話・FAX0824(52)7038。

(3) 「先住民族の人びとの生活を向上させる」「コミュニティの指導者を養成し、住民参加による村落開発を進める」「村落開発への女性参加を増やす」という三つをおもな目的として活動するNGO。イバン人であるファビアン・アジャ・サギンさんによって一九八二年に設立され、事務局はシブ市にある。アジャさんはアジア学院(栃木県)での長期研修も含めて日本に数回滞在したことがある。九九年に来日した際には、広島工業大学附属中学校・広島高校を訪問した。サラワク修学旅行においてはAVCと連絡をとりながらロングハウスと交渉し、プログラムの企画・準備・実施に協力している。また、旅行中ロングハウスには、アジャさんをはじめとするSCSの会員が同行する。

(4) ここでいうマレー人・華人・インド人とは、マレーシアの統計書でMalays、Chinese、Indiansと分類される人びとを指す。さらに、マレー人とは、日常的にマレー語を話し、モスリム(イスラム教徒)であり、アダット(マレーの慣習)に従う人を指す。また、サラワク修学旅行で生徒が訪問するのはサラワク州に限られているので、この本ではマレーシアという国家について述べるとき以外は「サラワク」の名称を使用する。

(5) 一八八一年にイギリス人探検家ジェームス・ブルックが白人王となって統治を始め、三代にわたって事実上ブルック家の所有地であった。そのため、市街地のあちこちにブリティッシュ・コロニアル建築が残っている。なお、クチンはマレー語で猫を意味する。名前の由来は諸説あるが、市内を流れているサラワク川の両側にマタクチン(猫の目)という木が生えていたことからきているという説が有力である。

(6) 王宮は一八七〇年にブルック家二代目のチャールズ・ブルックによって建てられ、現在は州知事公邸となっている。マルゲリータ砦は一八七九年に外敵に対する城塞として建てられ、その名はチャールズの妻にちなむ。ブリティッシュ・コロニアル建築で、当時の武器や犯罪資料が展示されている。現在は警察博物館である。

(7) サラワク州ではワニによる被害がとても多く、人が襲われることもある。チャイさんの説明によれば、ワニに魔法をかけて操る専門の魔術師がいるという。

(8) イバン民族が「首狩り」の風習をもっていたときの名残として、人間の頭骨が陳列されている。この風習は、ブルック家統治時代(一八四一～一九四六年)に禁止された。その後、さまざまな葛藤はあったが、現在この風習は残っていない。

（9）熱帯・亜熱帯地域に見られる大規模な商業的農園。一般に、大企業が資本や技術を提供し、地元民や移民の安価な労働力を利用して単一作物を栽培する。アブラヤシのほかにゴム、綿花、バナナ、サトウキビ、パイナップル、大豆、コーヒー、茶、タバコなどがつくられる。

（10）ヤシ科の植物は、サラワクの人たちの生活に欠かせない。種類はきわめて豊富で、生徒たちは旅行中アブラヤシ以外にもいろいろ出会い、それぞれが異なる用途をもつことを知る。ココヤシは、食用（ジュース、ココナッツミルク、ココナッツ油、酢、ヤシ酒）に加えて、食器、ひも、燃料、屋根、マット、ほうきなどの材料として使われている。ニッパヤシからはヤシ酒がつくられ、葉は屋根やタバコの材料になる。サゴヤシからはでんぷんが採れ、葉柄は床や壁、葉は屋根の材料として利用される。籐（トウヤシ）は建築用、生活用具の材料になり、サトウヤシからは砂糖やでんぷんが採れ、葉軸は籠（かご）の材料になる。ビンロウヤシの実は、ビンロウ噛みに利用される。

（11）日沙商会の創始者、故・依岡省三さんを祀った神社。日沙商会は一九一〇年に創立され、その後株式会社としてアジア太平洋戦争が終わるまでの間、ゴムの栽培と製造、稲作、パイナップルの栽培と缶詰製造などの事業を行った。

（12）日本人墓地は一九一二年に日本人共同墓地として開設された。生徒にとって、この墓地はゴム工場跡や依岡神社と合わせて、日本とサラワクとのつながりを感じる貴重な場となっている。

（13）からゆきさんは、一九世紀末から二〇世紀初頭にかけて、東南アジア一帯に渡って娼婦として働いていた女性たちの呼び名である。大半は長崎県島原地区を中心とする九州から出稼ぎに来た。クチンに住んでいた最初の日本人は、からゆきさんとその関係者（娼婦の夫など）で、男二〇名、女四〇名、合計六〇名程度いたと言われている。クチン市内には、からゆきさんの娼館であった建物が現存する。

2　ロングハウスでの六日間

♪見渡すかぎりの川と森と空

昼食を終えて、シブの港にやって来た。チャーター便に乗る予定だったが、故障したために定期便のエキスプレス・ボート（小型客船）に乗ることに変更。生徒たちが荷物を持って船内に入ると、席の半分近くが乗客で埋まっている。出入り口付近のわずかなスペースには、乗客が街で仕入れてきた商品がところ狭しと積まれていた。

そのなかに、段ボールに入れられ、首だけ外に出している、二羽の鶏がいた。朝の公設市場で生きた鶏が新聞紙に包まれて売られているのを見たばかりだったが、今度は段ボール入りの鶏を見てびっくりしている。

生徒たちは荷物をまとめて置き、なんとか全員が席に座った。定期便は午後一時三〇分にシブ港を出発。甲板に出た生徒たちは、見渡すかぎり広がる川と森と空に息をのむ。

「甲板に出ると、なんと形容していいのかわからない、ものすごい景色が目に飛び込んでき

た。痛いほどの風を浴びながら、しばらく遠くを眺めていた」(岩田和彦)

途中、川沿いにいくつかの製材所や合板工場が見えた。船はラジャン川[1]を下流に向かい、いくつかのロングハウスに立ち寄って乗客を降ろしていく。一時間ほど下って支流に入ると、川幅がどんどん狭くなった。両岸にはヤシ科の植物や熱帯地方の淡水と海水が混ざり合う水域に育つマングローブ林が茂り、生徒たちは早くもジャングル探検にやって来たような気分になっている。

♪歓迎の儀式

だれかの「着いた」という声で、生徒たちは一斉に立ち上がった。ついにルマ・セリ村に到着したのだ。少し緊張した面持ちで、荷物を手に船着き場に降り立ち、村長のセリさんはじめ数名の村人に出迎えられる。そのなかには、イバンの伝統的な祭礼衣装を身につけた女性が二人いた。

船着き場からロングハウスまでの木道を、リーダー役の生徒二人[2]を先頭に列をつくって進んでいく。ロングハウスに近づくと、銅鑼(どら)の音が聞こえてくる。

「ワクワク、ドキドキしながら、荷物を手に船着き場へ降り立った。一番に目に入ったのは『WELCOME』というプレート。そこから視線を下げると、民族衣装を身にまとった女の人が二人立っていた。スタッフと二人のリーダーは、その人たちから飾りを付けてもらう。前のほ

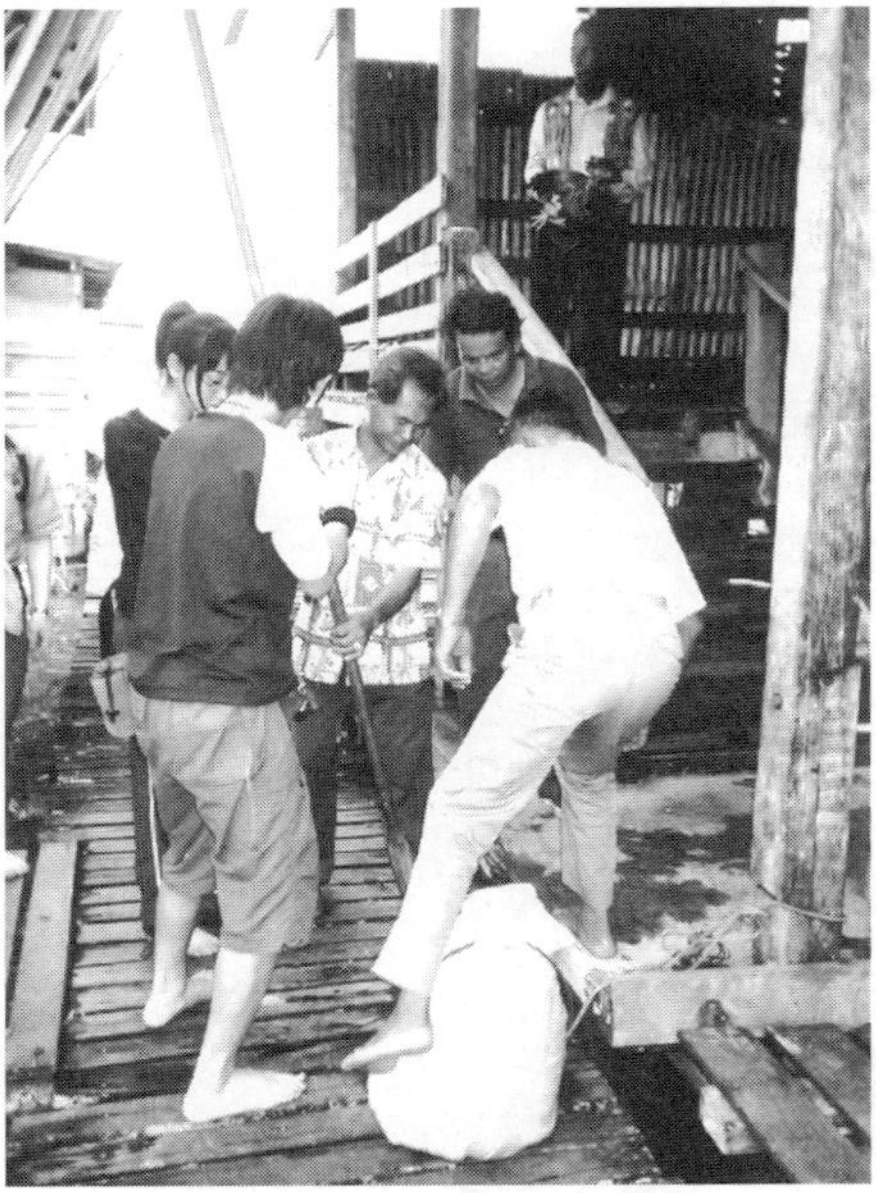
袋の中には生きた豚

うにいたぼくともう一人の生徒も、飾りを付けてもらった。なんとなく照れくさい。ロングハウスに近づくにつれて独特の音色の楽器が聞こえてきた」（岩田和彦）

だが、生徒たちの高揚した気分は、ロングハウスの入り口にある大きな袋を見た途端に変化した。袋の中で動く物体がいる。それは豚だった。二人のリーダーは、村人から袋に入った豚を槍で突き刺すように言われる。槍の長さは身長の一倍半もある。

二人は恐る恐るだが、何とか槍を突き立てることができた。続いて、村長さんたちが力強く突き刺す。他の生徒は、豚の鳴き声を聞き、流れ出る血を見ている。これこそが、ロングハウスにやって来るお客への「歓迎の儀式」だった。

「じっとして動かなかった袋が突然、動き出しました。『やっぱり、あれか』。ぼくの頭に昨年の先輩のレポートが浮かびます。村の人が横に立てかけてあった槍を持ってきました。そして、ぼくはその槍を袋につき立て、一気に刺しました。

図1　ロングハウスの様子

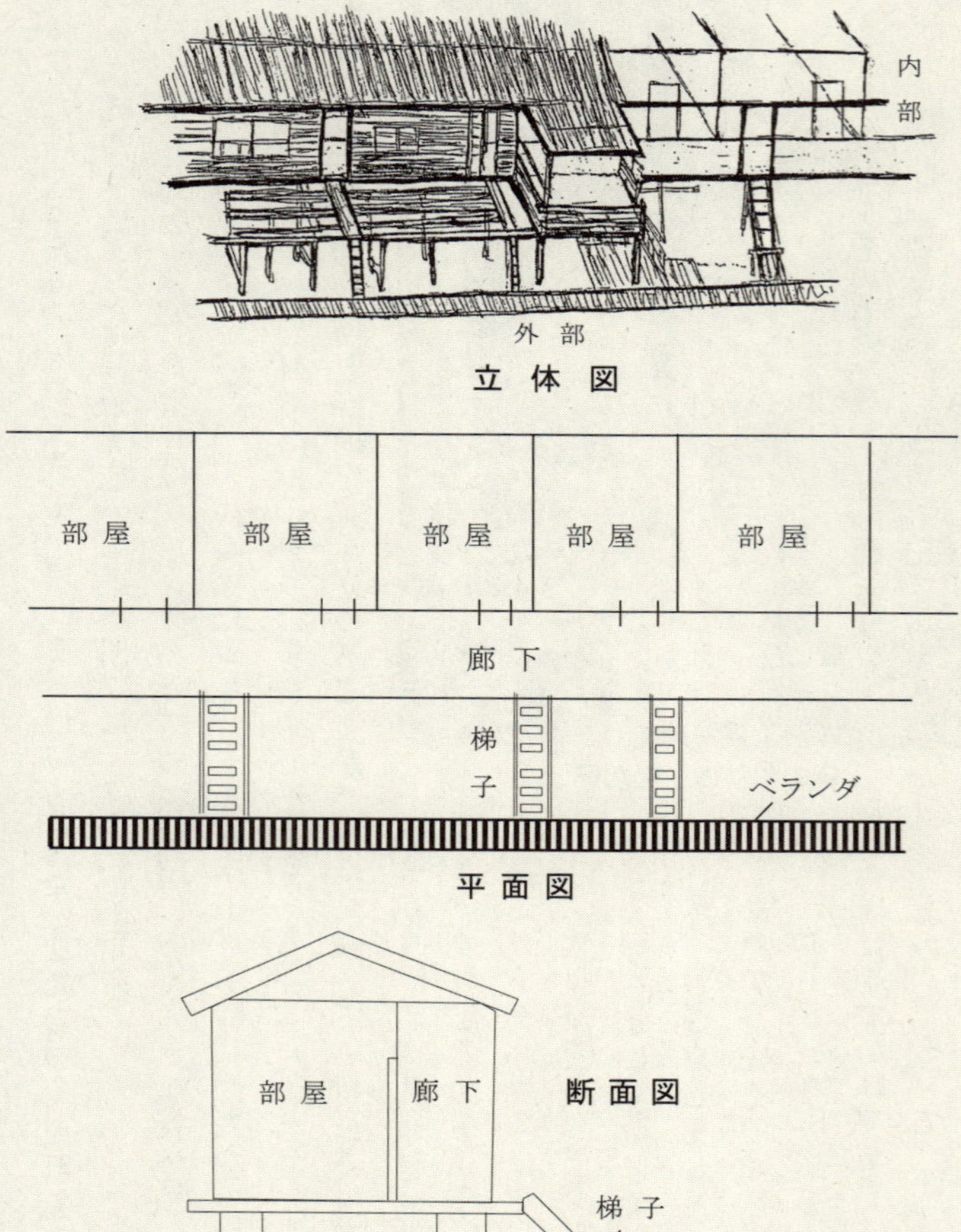

ロングハウス「ルマ・セリ」

ロングハウスはイバン語で「ルマ(家)・パンジャイ(長い)」といい、全長は長ければ200メートルを越える高床式の長屋だ。これは、ボルネオ島に住むダヤク民族(イバン、ビダユなど内陸部に住む先住民族の総称)に共通する集落の形態で、15〜100世帯ぐらいが共同生活している。住民は血縁関係があるとは限らない。新しく住みたい人がいるときは、新たに部屋を継ぎ足してロングハウスを長くする。ほとんどが河川沿いの小高い丘に建てられている。

イバンでは、村長さんの名前が村の名称に使われる。「ルマ・セリ」の村長さんはセリさんであり、「ルマ・セリ」とは「セリさんの家」を意味している。1998年と99年に訪問した「ルマ・レンガン」は「レンガンさんの家」という意味になる。

ルマ・セリの全長は約120メートルで、27世帯が生活している。河川に面した側にベランダ(タンジュ)があり、建物の中をルアイと呼ばれる長い廊下が貫く。ここが、会議、祭、宴会、団らん、来客のもてなし、遊び、作業など多目的に使われる共同のスペースとなっている。

各家族の部屋(ビリック)はルアイに面して並ぶ。廊下からは梯子がベランダにかかっていて、ベランダで洗濯物を干したりする。また、ベランダからはマンディ(水浴び)をする船着き場、共同台所、畑などに行くことができる。

ロングハウスは一つの家であるが、村としての機能ももっていて、行政の最小単位でもある。村を運営していくためには、「村議会」にあたる組織が村長を筆頭に組織されている。取り決めをするときは、村議会か「住民集会」が開かれ、住民の間で話し合われる。村議会の下に、村運営委員会、発電管理委員会、開発委員会、水供給委員会、健康管理委員会、美化委員会、女性委員会、教育委員会などが置かれ、仕事はロングハウスの住人みんなで分担する。

村長はイバン語で「トワイ・ルマ」という。村長は、ロングハウスの生活や仕事、政府や近隣のロングハウスとの対外的な交渉をまとめたり、争いが起きたときに裁判を開いて判決を下すなどの仕事をしている。

袋の中で暴れながら声を上げ、ぼくの足元に赤いものが流れました。頭がボーっとして、涙が出そうです。『ぼくは今、一つの命を奪ったんだな』。そんなことが頭の中をぐるぐると回っていました」(関谷瑛一)

儀式が終わると、生徒たちは豚をまたいで進み、梯子のような階段を上ってロングハウスの中に入る。イバンの伝統的な踊りを踊る男女を先頭に、長さ一〇〇メートル以上もある廊下を練り歩いた。その後、村長さんの部屋の前の廊下に車座になって座り、イバンの人たちが囲む。その数は、軽く五〇人以上だ。そして、次の儀式に移る。

村長さんが鶏冠を切って、その血を生徒やスタッフの手の甲につけていく。生徒のリーダーが、揚げバナナ、木の実、タバコの葉などをそれぞれの皿に、女性は七つずつ、男性は八つずつ盛り分けていった。次に、二人のリーダーが、それぞれ鶏の足を持って抱え上げ、胸の高さで円を描くように七回ずつ回しながら願いごとをする。アジャさんも同じことをした。最後に、盛り付けた皿を村長さんと副村長さんの家に供えて、儀式が終了した。

この神々へのお供えの儀式は、一行の無事とロングハウスに幸せがもたらされることを願うために行うそうだ。鶏には神様に願いを届けるメッセンジャー(神の使い)の役割があるという。

いよいよ生徒がホストファミリーに対面するときが来た。まず、アパイ(お父さん)とインナイ(お母さん)の紹介。最初は、ジャンボさんだ。(3) 瑛一、研志、光平の名前が呼ばれ、その場で

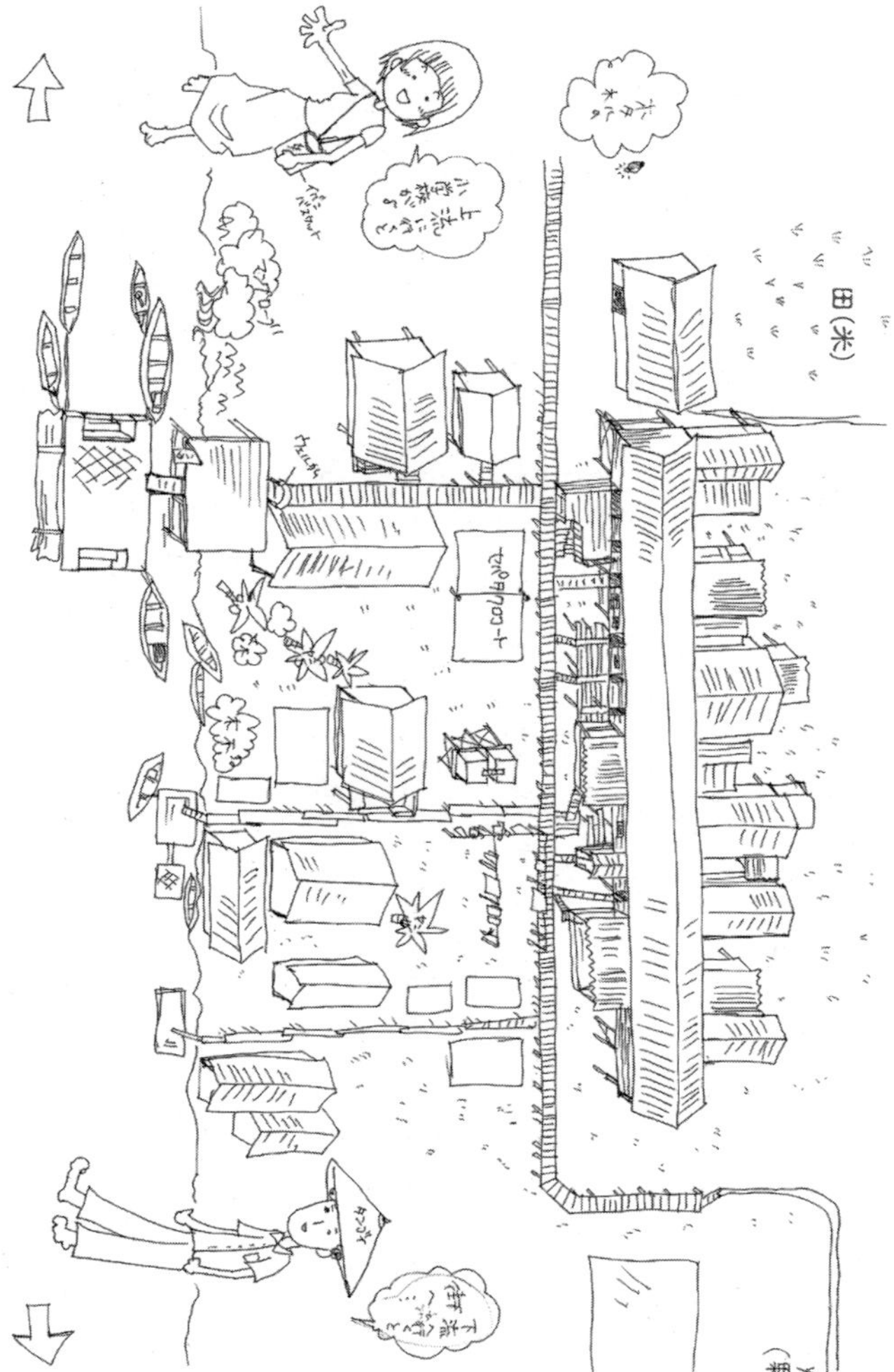

図２　ルマ・セリ村の全体図

マンディでのサロン活用法
すそを持ち上げて、覚悟を決めたら…
ザバーンッ
真っすぐに上から飛びこむ!!
ぷか〜
サロンに空気が入って浮きます!!
でも…実はなかなか難しくて、
布なので長くもつわけじゃありません。そのままでは危険!?
対策
(※自信がないときはやめておきましょう。)
下でつまんでおけば長くて10分以上大丈夫☆(体験談)

立ち上がる。ジャンボさんはやさしく生徒を見つめていた。続いて、ホストファミリーと生徒が次々と紹介されていく。名前が呼ばれるたびに、イバンの人たちから歓声があがる。そして、生徒たちはアパイやインナイに連れられて、それぞれの部屋に入っていった。[4]

♪マンディ　ニャマイ!

マンディ(水浴び)[5]だ。男子は海水パンツ、女子はサロンに着替える。川の中でサロンを胸まで上げると、空気が入って浮袋の代わりになる。ロングハウスから船着き場まで大勢の子どもたちがついてきた。

川の水が濁って茶色いことに驚いて、「こんな茶色い川で泳いで大丈夫?」と心のなかで思った生徒もいる。でも、いったん水の中に入ると、たまらなく気持ちよい。

身体や頭についた石けんやシャンプーの泡は、そのまま川に飛び込んで洗い流す。洗濯もいっしょにする。イバンの子どもたちはまるで魚のように、川の中で自由自在に飛び跳ねていた。森と

入ってみれば気持ちいい

空に囲まれた川でのマンディの気持ちよさは、一度味わうとやみつきになる。つい先ほど川が茶色いことに驚いたのが嘘のように、生徒たちは「マンディ ニャマイ(気持ちいい)」を連発している。

「マンディは、最高に楽しかったし、とっても気持ちよかった。特に、作業をして汗をびっしょりかいた後のマンディはなんともいえない。最初は、水に入るのにかなりためらってしまった。まさに一面が泥水。ホントに入れるのだろうかと、心配になった。でも、子どもたちがとっても気持ちよさそうだったので、勇気を出して入ってみた。そのとたん『ニャマイ!』という言葉が出てきた。水の中で、ぷかぷか浮いてみると、なんとも気持ちいい。空を見上げてみたら、その日の空は晴れていて、とっても大きくきれいな空だった。このとき、自然の雄大さを肌で感じ、私は『自分は地球に立っているんだ!!』という実感が湧いた」(梅地まり絵)

♪廊下で晩ご飯

生徒がルマ・セリ村に来て最初の夜は、全員が廊下でいっしょに食事した。それぞれのホストファミリーの部屋の前の床に直接、食器や料理が並べられると、ロングハウスのあちこちから「マカイ、マカイ（ご飯だ、ご飯だ）」という大きな声が聞こえてくる。ロングハウスに活気がみなぎる。生徒はイバンの人たちといっしょに、輪の中に入って食事した。早くもイバン式に、手で食べている生徒もいる。ホストファミリー以外の家族からも誘われ、二回、三回と食事の「はしご」をする生徒もいた。

食事中イバンの人たちは、盛んに「マカイ、マカイ」と言いながら、生徒たちの皿に、ご飯をどんどん入れてくる。事前学習では、この事態を想定して、ご飯の断り方の練習もしておいた。でも、タイミングを逸して、皿にたっぷりと盛られている生徒もいる。それにしても、大勢で食べる食事はおいしい。

夜の九時を回ったころ、歓迎パーティーが始まった。村長のセリさん、副村長のヨシモトさん、SCSのアジャさんなどの挨拶に続いて、生徒一人ひとりが日本から準備してきたイバン語で自己紹介をする。

その後、銅鑼と太鼓の演奏でイバンダンスが始まる。イバンの人たちに続いて、生徒が一人ずつ順番に呼ばれ、輪の中に入って踊った。生徒たちの個性的な踊りにロングハウスが盛り上

イバンの音楽とダンス

イバンの音楽は全体的にゆったりとした感じで、同じようなメロディーが続く。そのなかに、銅鑼と太鼓で神秘的で優雅な雰囲気が醸し出される。音楽そのものを楽しむというよりは、踊るための伴奏という感じだ。打楽器が中心で、決まったメロディーはなく、おのおのがリズムをつくって演奏している。次のような楽器がある。

①GENDANG(グンダン)、BEDUP(ベドップ)：太鼓

本体は硬い木でできていて、とても固く、丈夫。皮は赤ザルで、皮を張る細い木の皮は籐(ラタン)でできている。張りのある音がする。

②BEBENDAI(ブブンダイ)：小銅鑼

真鍮(しんちゅう)製。ばちは木に生ゴムを巻き付けたもの。非常に柔らかい音を出す。

③TAWAK(タワック)：大銅鑼

ブブンダイと同じく真鍮でできていて、ばちは木にゴムを巻き付けている。やはり、非常に柔らかく、響きのよい音を出す。

④GONG(ゴング)：タワックよりさらに大きな大銅鑼

⑤ENGKERUMONG(エンクロモン)：7つ(または5つ)の真鍮製の銅鑼を長方形型の木製の台に載せた楽器。銅鑼の音はそれぞれ違っていて、2つのばちを使って叩く。

イバンのダンスは、鳥の様子を表した舞いである。手の流れや足の動きによって、身体の流れをつくって踊る。つま先、膝、腰を使って踊るため、身長より少し低い体勢で、リズミカルだ。

ロングハウスの廊下で、4～5人で演奏する打楽器のリズムに合わせ、輪の真ん中に立って1人ずつ踊り、それを全員が見て楽しむ。決まった振りはないが、男性は雄々しく腕を大きく使って踊り、女性は腕を低く構えて足は閉じたまま、しなやかに踊る。ひとりひとりの踊りに、個性がよく表れる。

ロングハウスの廊下がイバン語の教室に早変わり

がる。続いて、生徒たちは「風になりたい」を合唱し、「よさこいソーラン」を踊った。二一名の生徒が二列になって廊下に広がり、勢いよく踊る様子は迫力満点で、イバンの人たちは大喜びをしていた。

♪豚の解体と「命をいただきます」

朝の五時ごろ、あちこちの部屋から聞こえてくる大音量の音楽やラジオの音で目が覚める。それぞれの部屋で家族といっしょに朝食をとり、八時半ごろから廊下で生徒とスタッフのミーティングが開かれた。内容は、スケジュールの確認と健康チェック、そしてアジャさんの指導によるイバン語のレッスンだ。

SCSは、ロングハウスの生活向上のためにさまざまなプロジェクトを行っている(6)。生徒も旅行中に一つのプロジェクトを支援し、ボランティア活動をする。これまで、ランブータンやドリアンの植樹を行ってきた。

今回のプロジェクトは、共同台所の建設である。ルマ・セリ村では、村全体で祭りを行うときは、住人全員が労働力や食材を出し合って、食事、お菓子、飲み物を準備する。個人の台所は狭すぎるため、この作業は屋外で行ってきたが、共同で使える台所が必要とされていたのだ。生徒がロングハウスに到着したときには、すでに共同台所の建設はかなり進んでいた。この日は村の男性が集まり、生徒も大工仕事を手伝う予定だ。

炊事場の前には、きのうと同じように豚が入れられた袋が置かれている。どうやら、作業の安全を願う儀式が行われるようだ。今度はみんなの真ん前で豚が殺された。しかも、きのうと違って豚は首を切られても暴れ続け、ついに体の一部が袋から出てしまう。生徒たちは、この光景を一心に見つめていた。

「今まで生き物が殺される所を見たことがなくて、手で目を覆いたくなった。私が考えていた以上に豚は苦しそうな声を出し、激しくもがいている。私が手で目を覆わなかった理由は、今まで食べてきた豚、鶏、牛などの生き物はこうやって殺されてきたのに、私はそのことに気づかなかった、それが恐ろしくなり、しっかり見ておかなくてはいけないと思ったからだ」(花房育美)

少し離れたところに、しゃがみこんで泣いている男子生徒がいた。ぼくは、「大丈夫?」と声をかけた。

「わかっているんです。でも、ぼくは動物が好きなんです」

さらに話しかけようとすると、「一人にしておいてください」と言って、船着き場のほうに歩いていった。彼はその日かなり動揺していたようだ。昼食や夕食に出された豚肉には、手をつけなかった。後日、このときの心境を次のように語っている。

「ぼくはその光景を見て涙が出てきました。ぼくはもともと動物が好きです。ブタが間近で死ぬのを見て、なんてひどいことをするんだろう、どうして止めようとしなかったのだろうと、とても悩みました。しかも、今まで日本で食べていた豚肉、鶏肉、牛肉などたくさんの命を、自分は知らないまま口に入れていたのかと思うと、自分が最低の人間のように思えて、やるせない思いやくやしい気持ちでいっぱいになりました。正直あのときはもう肉は食べまいと思い、ベジタリアンになろうかと考えたりもしました。そんなぼくに、いろいろな人が声をかけてくれました。

『ブタだってみんなのために死んでくれたんだ』

『動物の命だけでなく、植物や野菜、魚や昆虫なども同じなんだよ』

そのときは、まだあまりのショックで何も考えられなくて、その日の夕飯も豚肉が入った料理はまったく手をつけませんでした。

だけど、その日の夜一人でいろいろ考えてみると、自分はなんてばかなことをしたのだろうかと思いました。ブタは別に死にたくて死んだわけではなく、わざわざぼくたちの作業が成功するように儀式に出てくれ、そしてぼくたちの大切な食料になってくれた。それなのに、かわいそうだからといって、殺すだけ殺して、あとは食べもしない。とても最低なことをしてしまったと思いました。日本のスーパーなどに並んでいる豚肉、牛肉、鶏肉など、いろいろな食べものはもともと一つの命であったんだということがしみじみわかりました」（片岡皆人）

儀式が終わると、生徒は台所づくりと豚の解体の二グループに分かれ、それぞれの作業を開始した。台所のグループは、ノコギリでベニヤ板を切ったり、金槌で釘を打つ。イバンの男性は、慣れない手つきで作業する生徒をやさしく手助けしている。

自らの手で豚を解体して食べる

「釘を一本打つのも大変だったけれど、いろんな家のアパイが助けてくれたのでなんとかできた。アパイたちは肩車をし合い、すごく高いところにある木をのこぎりで切ったり、釘を打ったり、びっくりするくらいうまい。昼食を食べた後は、仕上げのドアや板を付けたりするだけだった。そして、日本で作ってきた私たち生徒の名前が書かれているプレートが掛けられて完成!! 拍手が起こり、みんなうれしそうな顔をしていた」(奥備季恵（おくびきえ）)

豚を解体するグループは、船着き場で内臓を取り出して川の水で洗い、部分ごとに分けていく。それから体全体をざっと焼き、ナイフやスプーンで毛をこそげ落とす。そして、いくつかの部分に切り分けて網の上で本格的に焼き、みんなで食べた。

「まず、袋に入れられた豚の首を切り落とす。豚は手足をばたつかせ、長い断末魔の末に、豚肉となった。頭はあっという間に焼かれ始め、胴体は内臓を取り出され、四つのパーツに分けられていく。ぼくは肉を運んだり、皮を焼いてパリパリになった毛を取ったりして手伝った。一連の作業を終え、豚肉はぼくの胃袋に収まった。あっという間だ。そして、本当に美味しかった。このときぼくは、生まれてはじめて、豚肉を食べさせてもらえて本当にありがたいと、感謝の思いが心の底から湧き上がった。

『いただきます』『命をいただく』という言葉は、思えばなんと残酷だろう。食べられる立ち場になってみれば、自らの尊い命を差し出して強者の命の糧となるのだから。そう、食べるというのは残酷なことかもしれない。だからこそ、昔の日本人は捧げられた命を尊いものと思い、感謝を込めて『いただきます』という言葉を使ったのだろう。生態系＝食べる・食べられる＝命の連鎖。この関係のなかに自分が組み込まれているのだということ、自分がひたすらに食べる立場であることを感謝しなければならないと、豚の解体を見て思った」(小川光平)

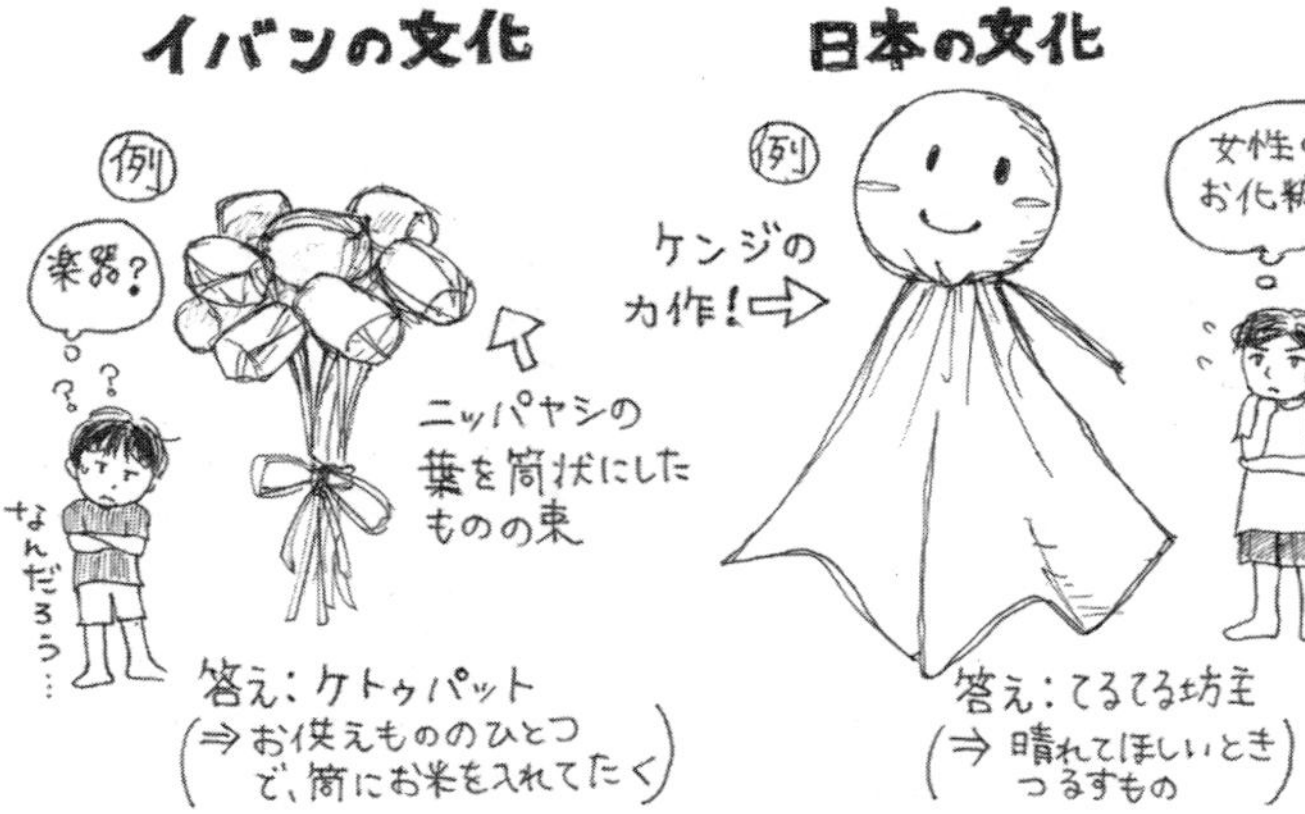
イバンの文化
例
楽器?
??
なんだろう…
ニッパヤシの葉を筒状にしたものの束
答え：ケトゥパット
(⇒お供えもののひとつで、筒にお米を入れてたく)
日本の文化
例
ケンジの力作!⇒
女性のお化粧道具
う〜ん…
答え：てるてる坊主
(⇒晴れてほしいときつるすもの)

♪これ何だ?――カルチャーボックス

その夜は、生徒とイバンの人たちがお互いの文化を知るために「カルチャーボックス」というワークショップ[7]を行った。

生徒は事前学習のときに日本の文化を紹介する品物を一〇個選び、ロングハウスに持ってきている。イバンの人たちも、自分たちの生活を紹介する品物を一〇個用意していた。始める前に、それぞれが用意した品物を「ジャパニーズボックス」と「イバンボックス」の中に入れておく。

まず、イバンを代表してピーコさんが、ジャパニーズボックスから一つの品物を取り出す。照る照る坊主だった。イバンの人たち一人ひとりの手に渡り、にぎやかな話合いが始まる。

たどり着いた結論は、「女性が白粉（おしろい）をつけるときに使う道具」だった。ピーコさんが、照る照る坊主の頭を顔にあてて化粧する仕草に、生徒もイバンの人たちも大笑い。生徒の一人が「晴れてほしいときに、吊すもの」という正解を発表すると、笑いはさらに大きくなった。

続いて、生徒の一人が「イバンボックス」から取り出した品物は、植物の葉で包まれた物がいくつか束ねられていた。生徒が順番に手に取り、全員で話し合ったが、まったく見当がつかない。苦しまぎれに「楽器」という結論を出し、イバンの人に伝えると、またまた大笑いになった。正解はイバン名で「ケトゥパット」。ニッパヤシやパンダン(8)の葉で米を包んで炊いたもので、「神様へのお供えもの」だという。

こうして、交互に品物を取り出しては、話し合って答えを出し、正解が発表された。

その日のジャパニーズボックスに入っていたのは、照る照る坊主のほかに、インスタント味噌汁、せんべい、お酒の徳利、コマ、凧（たこ）、お守り、割り箸、年賀状、蚊取り線香だ。

イバンボックスには、儀式に使われるポップライス、イバンの伝統的織物の染料に使用されるヤエヤマアオキの実、タバコを巻くためのニッパヤシの葉、ビンロウ噛み(9)に使われる石灰の粉とキンマ（コショウ科の蔓（つる）植物）の葉、稲穂の刈り取りに使う道具など。アヒルの卵を塩、草木灰、石灰、泥に漬けた中国風の食べもの・ピータンもあった。

「夜は、待ちに待っていた文化交流ワークショップ。すごい熱気の中で行われた。お守りをイバンの人たちは薬入れだと思ったり、照る照る坊主を女性がお化粧のときに使う物だと思ったり、彼らにとって見たことのない物が多かった。私たちも、イバンの人たちが出した物が何な

パイナップルもサトウキビも採れたて新鮮、食べ放題

のか当てるのが大変だった。『半分、合っているじゃないか』とか『それは間違いだ』とか、とにかくいろんな所から声がして、にぎやかになる。この交流をとおして、お互いの文化にふれあうことができたのでよかった」(奥備季恵)

♪農園と果樹園

ルマ・セリに着いて二日目の朝、初めての遠出が行われた。肩には籐(ラタン)製[10]の籠をぶらさげ、頭にはタンゴイ(ヤシの葉で編んだ大きな帽子)をかぶって、すっかりイバンスタイルの生徒もいる。イバンの人から果物や野菜の説明を受け、試食しながら農園や果樹園の間を進んでいった。

「果樹園に行ったとき、自分にとってはただの草なのに、イバンの人は『マカイ、マカイ(食べなさい、食べなさい)』と言って、その辺に生えていたものを採って渡す。私は、『食べるんです

か？』と言って、びっくりしていた。むこうの人は何が食べられて何が食べられないか知っていて、すごいと思った。雑草だと思ったのに食べられた」（花房育美）

「果物は、とにかくおいしい。ジャングルに行ったとき、アパイはその場でパイナップルやバナナを採ってくれた。パイナップルは果汁がしたたっている。私はパイナップルを食べすぎて舌が痛くなったけど、それも我慢していっぱい食べた。バナナはテレビでやっているように木を切って、自分でもいで、お腹が痛くなるまで食べた」（梅地まり絵）

炎天下を長時間歩き続けたために、生徒はくたくたに疲れ、汗びっしょりになっていた。マンディが気持ちよい。それから各家庭で昼食を取る。ところが、食卓に生きたままのゾウムシの幼虫が出てきた家庭があった。農園に行く途中サゴヤシの前で、荒川共生さんから「この髄にはでんぷんが含まれていて、ゾウムシの幼虫がいる」という説明があったので、ジャンボさんが早速ゾウムシを探してきてくれたのだ。

「お昼ご飯にゾウムシの幼虫が出てきた。お皿に四〇匹ほど入っている。体長二センチほどのものから、なかには八センチはありそうな大物もいた。もちろん生である。うわさを聞きつけた仲間もやって来て、虫の動きなんぞにはおかまいなしにパクパク食べていた。気を良くしたインナイは、そのゾウムシを塩で炒めてくれる。生徒には、生はあんまり美味しくないと不評だったが、塩炒めのほうは美味だと大好評だった」（小川光平）

昼食後は、昼寝をしたり、子どもたちと遊んだり、バドミントンやセパタクロー(11)をして、それぞれが思い思いにイバンライフを楽しんだ。

♪お好み焼きづくりから考える

三時ごろになると、生徒たちは各家庭からガスコンロ、まな板、包丁、食器などを借りてきて、廊下の床に並べ始めた。シブの市場で購入したキャベツ、きのう解体したばかりの豚肉、ロングハウスの売店で購入した卵を使って、お好み焼きをつくるのだ。鉄板は中華鍋で代用する。生徒たちが料理するのを、イバンの女性は興味津々で見物している。ひっくり返すときにはおばちゃんたちの歓声が湧き、大きく盛り上がった。

完成したお好み焼きは小さく切り分けて、広島から持ってきたソースをかけ、ロングハウスの人たちに配られる。味は大好評。みんな「ニャマイ」と言ってくれた。

こうしたときにも、日本とイバンの考え方の違いを感じさせるできごとがあった。

「お好み焼きを準備するときに起こった、本当に些細なできごとだ。ぼくはロングハウスの廊下でキャベツを切っていた。五〜六個は刻んだので、まわりにはキャベツの切りこぼしがたくさんあった。もったいないけど、捨てるしかないなと思った。しかし、見ていたイバンのおばちゃんは、『豚のエサにするから残しておいて』というようなことをジェスチャーで伝えてくる。ただそれだけなのに、自分でも不思議なくらいドキッとして、いろいろ考えさせられた。床に落ちたキャベツは、おばちゃんの眼には『豚のエサ』という資源として映り、ぼくの眼には『ゴミ』としか映らなかったのだ。

　自然について考えることがぼくのテーマであるのに、目の前にある物を利用価値があるかどうかの吟味もしないで、即座にゴミだと思った自分が情けなかった。視野が狭いと思った。視野が広がるということは、今まで見えていなかった物事が見えるようになることだと思う。おばちゃんの一声で、必要ないと思われる物にも利用価値を見出す。これも視野の一つだと気付いた。気付いたからには、視野を広げていきたい」(小川光平)

♪イバンの人たちへインタビュー

　夜のプログラムは「イバンの人たちへのインタビュー」だ。生徒とイバンの人たちが、廊下の両側にそれぞれ二列で向き合って座った。生徒が順番に質問すると、荒川純太郎さんがイバン語に通訳していく。イバンの人の回答は、まずアジャさんが英語に通訳し、それを荒川共生さんが日本語で説明した。

　最初に、稲田淑江がロングハウスで病気をしたときの対処法について質問した。これには村長さんが答える。

「捻挫をしたときは、森にある薬草を巻き付ける。傷にトマトをくずして当てると、殺菌作用があってすごくいいよ！　骨折したときは、バナナの皮が包帯代わりになる。バナナの皮の幅は広いからね。奥地に行けば行くほど診療所に行くのが不便になるから、この応急処置はとてもいいよ」

　ロングハウスには医者がいない。薬草や常備薬で応急処置し、それでも治らない場合は、ロングボートで四五分のところにあるバワン・アサンという街に行く[12]。そこには診療所があって、医者がいる。また、一カ月に一回、巡回医療で医師と看護師がやって来て、体重や血圧を測定したり、診察してくれる。必要があれば薬も出すという。

　岩田美緒は、恋愛結婚の仕方を尋ねた。この質問に答えたのはピーコさんだ。彼が目配せをするジェスチャーを見ているだけで、イバン語がわからなくても大笑いになった。

「大昔は夜這いの風習があった。ここの村長さんも夜這いで結婚した(大笑い)。最近では、お祭りが出会いの場になっている。正月などのお祭りが年に何回かあり、ほかのロングハウスからいろいろな人が来る。そのときが出会いのチャンスで、気にいった人には目配せをする。とくに、朝のマンディで目がパチパチっとあったときがチャンスだよ」

　渡辺真実の質問は「お金があったら何がほしいですか」。それに対して、イバンの人たちは「長生きすること」「仕事」「米」「家族の幸せ」などをあげた。でも、一番多かったのは「健康に暮らすこと」。なかには「日本に行きたい」という答えもあったけど、ほとんど金では手に入らないものばかりだ。

　橋詰(はしづめ)研志からは、こんな質問が出された。

「森にある植物が食べられるかどうか、どうやって見分けるのですか」

これには一人の男性が答える。

「小さいころから、お父さんやお母さんに森に連れていってもらって、『これは食べられるよ、これは食べられないよ、これはこんな味がするよ』ということを習っているので、自然と身につく」

小川光平が「一番大切なお祭りは何ですか」と聞くと、まず、「ガワイ・パンゴール」という答え。一年間の米づくりがうまくいくことを願う儀式で、六月初旬に行われるそうだ。次にあげられたのは、「ガワイ・アントゥ」といって、死んだ人の霊を慰める、日本で言えばお盆にあたる祭りだ。これは時期が決まっておらず、人が続いて死んだときなどに行われるという。

このほかにも、農業、食べもの、仕事、生計、生活、子ども、歌、踊りなど多岐にわたる質問が出された。

♪異文化理解のスタートライン

一とおり終わると、今度はイバンの人から生徒たちへの質問だ。

最初は「日本にはどんな宗教がありますか」。予期せぬ質問に生徒たちは一瞬とまどいながら、岩崎愛子が答える。

「日本人は多宗教であり、無宗教です。とくに神様を信じていない人もいっぱいいるけど、きのうの晩のカルチャーボックスでお守りを見せたように、願いごとがあるときは神や仏が出てきます」

次の質問は「どうして、先進国である日本の高校生が、こんな田舎のロングハウスに来ようと思ったのですか」。これには何人かが答えていった。

「私は工業先進国で大学まで行かせてもらえる幸せな環境にいるので、将来開発途上国を助ける勉強をしたいと思っています。そのためにもイバンの人に出会い、自分でいろいろなことを考えて学びたいと思い、そしてみなさんとの出会いにも期待をして来ました」(渡辺真実)

「日本では食器洗い機や洗濯機などいろいろなものがそろっていて便利だけど、だからこそ見えなくなっているものがいっぱいあると思う。それに、そういう生活が『進んでいる』と言われているが、それが本当に豊かなのかどうかを考えたいと思って、ここに来ました」(久保亜沙美)

「世界中にたくさんの民族が住んでいて、それぞれいろいろな文化をもっている。でも、先進国では物があふれ返っていて、何が文化かわからなくなっている。ここに来ると、イバンの人たちがみんな文化を大切にしていることがわかる。物があふれ返っているなかにいたら見えないことが見えてくる。たくさんのことが学べるのでここに来ました」(黒瀬裕司)

続いて一人の女性から、こんな質問が出された。

「どうして、日本人は結婚すると、お父さん、お母さんと交流しなくなるのですか」

この質問には、生徒たちから一斉に驚きの声があがったので、荒川共生さんが補足する。

「イバンでは結婚した後も両親といっしょに住むことが多いし、いっしょに住まなくても頻繁に帰ってくる。でも、日本のテレビドラマでは親子の間であまり行き来がないようなので、それはどうしてですかという質問です」

この質問には二人が答えた。

「ロングハウスではたくさんの家族が一つの家に住んでいるけれど、日本では結婚したら家庭をつくり、一軒家、マイホームをもつことにあこがれる。ロングハウスと一軒家という家のつくりの違いが大きいように思います」（岩田美緒）

「日本では、若者は東京や大阪など都会の大学に行きたがります。そこで仕事を見つけて一生過ごす人が多いから、地方に住んでいる家族との交流は正月や盆に限られてしまい、会うことが少なくなるのだと思います」（花房育美）

イバンの人からの質問は、どれも生徒にとって思いがけない内容だったが、自分たちの文化や生活について考えるよい機会となった。渡辺真実はこの日の感想をこう述べている。

「彼らは『どうして高いお金をつぎ込んでまで田舎の村にやって来るのか』と私たちに問いかけてきた。その言葉に大きく胸をうたれた。私たちの行いは、心持ちを一歩間違えれば、ただの娯楽やひやかしにすぎないと思われても仕方がない。修学旅行、それは双方に誤解のない場であってほしいし、思いやる場であってほしい。私はこの旅行の意味を今後もずっと考えていきたい。私の中ではこの疑問が、異文化理解を考えるスタートラインになったと思う」

♪深夜のカエル捕り

インタビューが終わったのは夜の一〇時近くだったが、それからロングハウスの裏の畑にカエルを捕りに行くことになる。希望者を募ったところ、ほとんどの生徒が名乗りをあげた。案内してくれるのはピーコさんで、頭に灯油式のランプ、腰に燃料の灯油を付け、手には大きな袋を持っている。生徒たちは、暗闇のなかを懐中電灯の明かりで、カエルを探し回った。

カエル捕りに出発するピーコさん

「泥にまみれながら探したのだが、見つかるのは食べられないカエルばかりだった。生徒のほうは、かなり素早く動く食用ガエルの姿を見つけるだけでも大変なのに、ピーコさんは簡単に捕まえていた。暗くて視界が悪いのに次々と捕まえていく。ぼくはそれを見て、ただただ感心するばかり。

結局、生徒が捕まえたのは上本君の一匹だけという悲惨な結果に終わった。でも、とても楽しかった。みんなズボンが泥だらけになっ

たので、ロングハウスの外側に設置されている水道（川の水を汲み上げている）で洗ってから、眠りについた」（小川光平）

♪自分で選んでレッツゴー

ロングハウスでの生活も、四日目を迎える。きょうは「自由選択プログラム」の日だ。農耕、漁業、イバンバスケット、イバン料理、小学校訪問などのなかから一つないし二つを選ぶ。その夜、各グループから活動の様子が報告された。

①農耕体験

「ロングハウスのすぐ横にある農具のある所へ行ってみると、地面に青いシートが敷かれ、刈り取られた稲穂が置いてあった。それを裸足でこすって、稲のモミを落とすようだ。見よう見真似でやってみたら、少しチクチクしたが、現地の人に『パンナイ、パンナイ（上手い、上手い）』と言われて、うれしかった。この足こすりで落ちなかった穂を今度は小屋の中にある網状の台の上に置き、その上に乗って足で押しながらこすり、最後の一粒まで落とす。この台がかなり揺れて、壊れそうだった。

次に目に入ったのが、たくさんの緑の草。それは何と稲の苗だった。今度は発芽した穂を泥の中に混ぜた。そうしていると、清めの儀式が始まる。インナイが生きたニワトリを手に持

稲のモミを素足でこすり落とす

ち、回しながら何か言っていた。儀式が終わり、さっきの泥を団子状にして地面にポトポト落としていく。これがさっき見た苗になるそうだ。

農耕グループのはずなのに、最後はなぜか宴会だ。大漁のエビが、どっさり持ち込まれた。調理するとき、活きが良すぎて鍋の中でエビが飛び回るので、おたまで押し込んで、ふたで押さえた。トゥア（酒）やジュースも出され、ロングハウスの男たちが集まって来る。エビが出されると、みんなでかぶりついた。エビは『激うま』だった。大きいのは、とくに。本当にいろんな意味で『美味しい』プログラムだった」（上本聡宏）

②漁業体験

「ロングボートに一時間ぐらい乗って釣りのポイントに着くと、早速アパイ・トモオ(13)がつくってくれたビールの空き缶の釣りセットで釣り始めた。

しかし、魚をおびき寄せるため腐りかけのエビを餌にしているため、ハエや小さな虫がその臭いに引き寄せられて、追い払っても追い払ってもブンブン飛び回る。それがぼくたちを苛立たせ、燃え上がる釣り気分を台無しにした。そして、『根掛かり』にもかなり苦戦し、四回も移動した。

上流に行くほどますますジャングルらしくなっていき、きれいな鳥の声が聞こえる。目にうつるのは、青く澄み切った空、三六〇度に広がる緑、水面にはゆらゆら浮かぶ反射した風景。本当に美しい。

そんな情景とは打って変わって、収穫は散々。僕たちが四匹だったのに対して、イバンの人たちは大漁だった。『この差は何?』と思えて、仕方がない。レジャー感覚(遊び)とプロ(生きるため)とでは、やはりレベルが違うのか。それとも、何かコツでもあったのか。しかし、そんなに釣れなかったけど、自然を満喫できる楽しいプログラムだった」(関谷瑛一)

③小学校の訪問

ロングボートで約一〇分のところにある小学校を訪問し、子どもたちと交流したり、先生と話す。参加者の半数が教員志望だったので、出発前からやる気満々だ。

「小学校の船着き場に着くと、子どもたちのにぎやかな歓迎を受ける。校庭の中へ進むと、ロングハウスと同じような木道が続いていた。校舎にはかけ算の公式や英単語、メルヘン

子どもたちの通学の足は自力でこぐボード

チックな絵や文字などが鮮やかに描かれている、かわいい感じの学校だ。

職員室に招かれ、先生と質疑応答を行う。授業の時間割や内容についての質問以外に、『授業中、集中しない子どもがいるか？』『不登校やいじめはあるか？』『子どもにどのようなことを身につけてほしいと思っているか？』『先生として子どもに教えるために必要なものは何か？』というような、かなり突っ込んだ質問が出る。

ちょうど放課後学習の最中で、スコールが降っていたこともあり、ほとんどの児童が教室の中にいた。彼らを見て一番驚いたのは、みんなとても行儀が良いということ！　私たちが教室の中に入っても、写真を撮るとき以外は立ち歩かない。撮り終えると、すぐに席に戻る。ロングハウスでのやんちゃぶりはどこへやら、高校生も顔負けだ。

その後は各教室をまわり、いっしょにワイワイと楽しいひとときを過ごした。将来の夢を聞いてみると、先生になりたいという答えが多い。それだけ、この小学校は彼らにとって、とても良い環境なんだろう。

帰りは子どもたちもいっしょだったが、なんと彼らはそれぞれ手こぎボートで帰る。イバンでは当たり前のようだ。ものすごいスピードでボートをこぐ。毎日こうして元気に通っている。それを見て、なんだか私も力がわいた。小学校訪問を終えて、自分もあんなふうにいきいきと学校生活を送りたいなと思った。彼らに教えられたことはとても多く、忘れられない一日になった」（渡辺真実）

♪ジャングルの散歩

次の日の朝はミーティングを終えると、長袖・長ズボン・帽子姿で軍手や飲料水の用意をして、ロングハウスの前に集まった。そして、ホストファミリーのお父さんやお母さんたちと、五台のロングボートに分乗して川を上っていく。途中から、ボート一台がやっと通れる程度の幅の用水路に入る。三〇分ほど乗ったところでロングボートを降りた。あたりの木はすべて切り倒されていて、日陰がまったくない。暑さが肌に突き刺さるような感じだ。

ようやくジャングルの中に入った。ときには、倒木や生い茂った草の上を、イバンの人に手を貸してもらいながら苦労して進む。途中で、食虫植物のウツボカズラ、生活用品や家具に使われる籐、水の出る蔓植物[14]、夜に光る花、一〇センチぐらいもあるムカデなど、珍しい動植物

水の出る植物で喉をうるおす

と出会う。

「マングローブの林を抜け、森に挟まれた細い川を進んで行くと、高い木々の並ぶジャングルが見えてくる。川の水が薬湯のような色になっているのが気になった。なんでだろう？　少し進むと、ボートを降り、みんなが集まったら、一列になって歩きだした。足元に注意して歩く。木の根を踏みしめてバランスを取り、葉をかき分け、助け合いながら進んだ。ゴムの木から出る液に触ると、ネバネバしていてなかなかとれなかった。植物から出る水を飲んだときは不思議な感じがした。途中、アリとムカデを見かけた」（脇山都）

一苦労してジャングルの外に出ると、イバンの人たちが昼食を用意して待っていた。

「お腹はペコペコ、喉はカラカラ。メロンや焼いたキャッサバを食べ、水を飲んだ後、家族ごとに集まって食事をした。自然の中でみんなと食べるご飯はおいしく、とても気持ち良い。来たときと同じ道のりで、ボートに乗って帰った。うしろを振り返って、小さくなっていくジャング

ルに『さようなら』とつぶやく。ロングボートはぐんぐん進み、風が気持ちよかった」(脇山都)

♪さよならパーティー

ロングハウスに戻り、マンディをしてからは、報告集の記事を書くためにイバンの人たちにインタビューしたり、さよならパーティーで話す挨拶の準備をした。イバンの伝統的な民族衣装を着せてもらったり、子どもたちとセパタクローをして遊んでいる生徒もいる。それぞれが最後の午後を思い思いに楽しんでいるが、どこかであすの朝ロングハウスをあとにすることを意識していた。

「どこかのインナイに、『あしたはお別れだけど、泣かないで』と言われた。言葉はわからないけど、私が泣くと辛くなる、そう思ってくれたんだなと感じ、うれしくて切ない。最後の晩ご飯を食べていると、アパイが私たちに、『You are my daughter』と言ってくれた。インナイの美味しい料理とアパイの言葉が心にしみた」(脇山都)

夕方になると、イバンの人たちは、さよならパーティーの準備を始めた。廊下にバナナの木を立て、それにバナナやパイナップル、さらに大量の籠をぶら下げていく。この籠は、生徒一人ひとりのためにホストファミリーのお母さんがつくったものだ。

パーティーでは、まず村長さんとSCSのアジャさんがお別れの挨拶をした。そして生徒一人ひとりが感謝の気持ちを言葉にする。イバン語で話す生徒もいたが、日本語は荒川純太郎さ

イバンダンスもすっかり板についた

んがイバン語に通訳した。泣きながら話す生徒もいた。言葉一つ一つに生徒の思いがこもる。それにイバンの人たちがうなずく。

　続いて、生徒全員で「島唄」を合唱。泣きながら歌っている生徒もいる。その後、「ラニャイ」という儀式が行われた[15]。別れを惜しむときに行われる儀式で、一人ずつ頭に籐製の冠をかぶり、腰に木製の刀をつけて、銅鑼と太鼓の音楽に合わせてイバンダンスを踊り、バナナの木を一周する。そして、自分の名前が書かれた籠をはずして持っていく。

　最後は生徒たちが「よさこいソーラン」を踊った。ロングハウスに着いてからこれで三回目だ。今度はイバンの人たちもはっぴとはちまきをつけて、いっしょに踊った。イバンの人たちが一生懸命踊る姿に、ロングハウス中が大爆笑に包まれていく。

その夜は遅くまでイバンの音楽が鳴り響き、別れを惜しむように、生徒もイバンの人も踊り続けていた。

「あなたたちは私たちの子どもです」と言うイバンの人

♪また戻っておいで

ついに、別れの朝がやってきた。生徒たちはイバンの人に別れを告げる。

「その日もごく普通に、イバンの村に朝が来た。きょうが最後の日と頭ではわかっていたけど、意外にも見慣れたイバンの村の景色の中で、みんながマイペースにそれぞれの時間を家族と過ごしている。そんな中でもやはり、朝の白い光に包まれるイバンの村を見ていると、きょうここを離れるという憂鬱にも似た実感が、だんだんと出てきた。それは、異なる文化に戻る不安、例えるなら長期休暇と平日の境に感じるような憂鬱、いや、そんなものとは比べようもない苦楽を超えた世界の感情が、漠然とわいてきたのだと思う。長い朝だった。

それでも別れの時というのは来るもので、まとめた荷物を家族の部屋から廊下に出したとき、急に家族との別れの実感がこみ上げてくる。そのとき、インナイが『また戻っておいで』と言ってくれた。自分たちを家族のように受け入れてくれた六日間のことが、かけがえのないものとして頭の中を巡っていく。家族との別れをおのおのが終え、最後の最後にみんなで『島唄』を歌った。あまりにもしっくりとくる歌詞と、ここでの思い出をかみしめながら……。みんながみんな目を真っ赤にし、惜しむことのない涙を流しながら……。

そして、何度も後ろを振り返りながら船に乗った。みんな船の小さな窓から、人でいっぱいの船着き場に向かって、赤い目をしてずっと手を振っていた」(黒瀬裕司)

(1) サラワク州の中部を流れるマレーシア最長(約五六〇キロ)の川。川沿いにシブ、サリケイ、ビンタンゴール、カノウィット、カピットなどの市や町が多く、製材工場も多く見られ、物資や人を運ぶ船が頻繁に行き交っている。中流域までは川幅が広く、町が発達し、上流では川辺に小さな村が点在する。

(2) サラワク修学旅行では、生徒のなかからリーダーとサブリーダーが一人ずつ選ばれる。この二人は事前学習から事後学習までの全期間をとおして生徒をまとめ、スタッフと協力して旅行を運営する。

(3) ロングハウスで生徒は、イバンの人が名前を呼びやすくするためイバンネームを使う。以前ＡＶＣのスタディーツアーでこのロングハウスを訪問したとき、日本人がイバンの人からイバンネームをつけてもらった代わりに、イバンの人たちに日本名をつけたことがあった。それが、ここに出てくるジャンボさん、ヨシモトさん、ピーコさんである。

(4) ロングハウス全体がひとつの家であるため、各家族の居室は家とは言わず、ビリック(部屋)と呼ばれる。

(5) 生徒は毎日マンディを昼と夕の二回行った。イバンの人たちは通常、毎日三回行う。男性は短パンで、女性はサロンを着る。マンディはおもに川の中に入ることを指すが、雨水を貯めたタンクの水で汗を流す人もいる。子どもたちは、小学生になってから川でマンディをするようだ。

(6) SCSは三〇以上のロングハウスとかかわりをもっていて、イギリスやカナダなどのODA、日本の三洋電機労働組合(会社と協同)などから支援を受けて活動している。ロングハウスの生活を改善するために、船着き場や幼稚園の建設、セメントの歩道・水供給システム・ため池・灌漑システムの整備、脱穀機の設置、果樹やマングローブの植林などを実施してきた。日本の企業がSCSを支援する際には、アジアボランティアセンターがコーディネートする。

(7) ここでいうワークショップとは、国際理解教育や開発教育において、参加者が活動をとおしてあるテーマについて考えたり、意見を交換したりすることを指す。ロールプレイ(第4章2参照)、ディベート、ランキング、プランニング、フォトランゲージ、シミュレーションなど、さまざまな参加体験型の学習方法が用いられる。

(8) タコノキ科の植物。英語名はScrew pine。イバンでは、葉をご飯といっしょに炊き込む。独特の清涼感ある香りが、ご飯につく。

(9) 嗜好品の一つで、ビンロウヤシの実と石灰をキンマの葉でくるみ、口に入れて噛む。唾液と反応して口の中は真っ赤になる。刺激感と興奮性の麻酔作用があり、接客や儀礼などにも用いられてきた。この習慣は東南アジアで広く見られる。

(10) ヤシの一種。繊維が非常に強く、柔軟性があり、長持ちするので、茎の繊維を使って籠、ござ、帽子などさまざまな手工芸品がつくられる。ロングハウスでは竹、サゴヤシ、ブンバンなども日用品の素材として使われる。ブンバンはショウガの仲間で、二メートル近くに成長し、長い繊維が採れるので、イバンではおもにござを編むのに使われている。

(11) マレーシアで生まれた球技で、マレー語で「蹴る」を意味する「セパ」と、タイ語で「ボール」を意味する「タクロー」が語源。バドミントンと同じ広さのコートと同じ高さのネットが使われ、三人が一組となって、ネットをはさんで勝敗を競い合う。ルールはバレーボールに似ているが、腕と手を使ってはいけない、一人で続けて三回までボールにタッチしてよい、などが異なる。ボールは九～一一本の籐の茎で編んだものと、その形をプラスチックで模してつくったものがあり、現在ではプラスチック製が公式ボールとして使用されている。

(12) 幅約一メートル、長さ四～六メートルの細長い舟で、一列に五～一〇人が乗る。一人がボートの後部に搭載されている船外機を操作し、前方にいる一人ないし二人が櫂(かい)でボートを操作する。

(13) 荒川純太郎さんのこと。イバンでは、父親や母親は自分の名前を直接呼ばれず、第一子の名前を使って「○○のお父さん」「○○のお母さん」というように呼ばれる。そこで、荒川純太郎さんは「アパイ・トモオ（共生のお父さん）」と呼ばれている。

(14) サラワクの熱帯林に生育するある種の蔓植物（蔓といってもかなり太い）は、茎の繊維内に水分を溜め込んでいて、長さ一メートルぐらいに切り取ると、断面から水分が滴り落ちる。ほぼ純粋な水であると思われ、無菌状態なので、そのまま直接口で受けて飲むことができる。森に暮らす先住民族の知恵のひとつである。

(15) いろいろな言い伝えがある。イバン民族の間で首狩りが行われていたころ、客人に対して恩義を示すために、当時もっとも貴重で価値のあった首を贈ったという説もある。儀式で使われる籠は、首に見立てられている。

3　旅の終わり、新しい旅立ち

♪旅を振り返って

エキスプレス・ボートでシブの街に戻る船の中では、生徒たちが静かに窓の外の景色を眺めている。ルマ・セリ村の人たちと別れるときから、ずっと泣き続けている生徒もいた。甲板に上がって、無心に風にあたる生徒もいる。

「しばらくは誰も言葉をしゃべることもなく、心地よい風にあたりながら、ぼうっと窓の外を見つめていた。目の前にあるものは、来るときに見た景色とは少し見え方が違う、自分たちがつい先ほどまでいた世界の景色だった」(黒瀬裕司)

昼食後、アジャさんたちSCSのメンバーにも別れを告げ、クチンの街に再び戻る。

次の日の朝九時、生徒たちがホテルの会議室に集まった。みんな、とてもさわやかな顔をしている。この部屋からはサラワク川がよく見渡せる。これから四時間かけてサラワクの体験を振り返るのだ。

「振り返りシート」

①ロングハウスでの生活について感想を書いてください。

生活全般／食事／ホームステイ／自然体験／ＳＣＳプロジェクト／自由選択プログラム／困ったこと／日本との違いを一番感じたこと／ロングハウスでの過ごし方

②プログラム全体についての感想・意見・提案を書いてください。

プログラムの感想（サラワク博物館、イスラム博物館、合板工場、アブラヤシ・プランテーション見学、シブ散策、シブ・クチンでの食事）／良かったと思うプログラム／もっとこうしたほうがいいと思うプログラム／あったらいいと思うプログラム／プログラムの量

③事前学習についての感想・意見・提案を書いてください。

役に立ったと思う内容／あまり役に立たなかったと思う内容／こんな学習をしておけば良かったと思う内容

④旅行をとおして得たものは何ですか。

⑤旅行では、自分が設定したテーマはどのように達成されましたか。

⑥この旅行は私の生き方や学び方、進路にどのような影響を与えましたか。体験を今後の生活にどのように生かしていこうと思いますか。

⑦サラワクと日本のつながりについて、どのようなことに気づきましたか。

⑧AVC、SCS、地球市民共育塾などのNGO関係者、そのほかの社会人との出会いには、どのような意味がありましたか。

⑨来年の参加者にアドバイスをするとしたら、どんなことですか。

まず、一人ひとりが「振り返りシート」に記入する。二時間もの間、生徒は一心不乱に書き続けた。そのときの思いを岩田和彦はこう語る。

「どこで何を感じたか、考えたか、今回得たものは何か、進路への影響は……、考えが全然まとまらなくてなかなか書けない。でも、無理をしてでも書かないと、多分大事なことを忘れてしまう。なんとか頭をひねって文字をしぼり出した」

以下、振り返りシートに書かれた生徒の発言を紹介しよう。

ロングハウスの生活について

生活全般――行く前は、食事やお風呂がないことや、トイレ、洗濯、いろいろなことに不安を感じていたけど、いざ生活に入ってみると、すべてが楽しくて、行く前の不安なんかどこかへ消えてしまった。それでも不便に感じることはあったけど、それも含めて、イバンという国も文化も違う人たちと生活するのが私には新鮮で、こういった体験ができることがうれしかった（芦沢梨沙）。

食事――本当にすべてがおいしかった。行く前は「辛いものが出るのかな」と、とても心配だった。でも、そんなことはなく、私の口にすごく合った。日本のほうが品数が多いけど、イバンでは家族全員で楽しく話をしながら食事をするので、本当においしくて楽しかった。カエルやゾウムシ、さっきまで生きていたブタやニワトリ、日本では考えられないけど、それもまた本当においしかった（花房育美）。

ホームステイ――言葉が通じないのが残念だったけど、辞書を片手に少しずつ単語を並べていくと、インナイやアパイはすごく真剣に聞いていてくれた。また、だれに挨拶をしてもみんなが笑顔で返してくれるので、とてもうれしかった。子どもたちもみんな明るく、なじめるかどうか心配していた私でも、すぐに仲良くなることができた（岩崎愛子）。

自然体験――多分、今まで生きてきた中で、一番自然と近い一〇日間だと思う。本当に、人間は他の動物と同じように、地球上の一つの生物なんだと思った。景色もすごくきれいだったし、「自然にたくさん助けられて人は生きているんだ」と思った。とてもありがたく感じた（久保亜沙美）。

ＳＣＳプロジェクト――以前の自分たちにはＮＧＯに関する知識がほとんどなかったたし、実感もあまりなかったが、今回の旅行でＮＧＯの人びとに会い、意見も聞くことができ、実感がわいた。ＳＣＳが現地の人と密接につながっていると感じると同時に、経済的に困難な状況の中で活動しているということ、また政府との違いを知ることができた（黒瀬裕司）。

自由選択プログラム――小学校ではとても有意義な時間が過ごせた。先生たちの答えを聞きながら、自分たちの学校での生活についてもう一度考えることができた。同時に、日本の学校教育の問題点がはっきり見えてきた（渡辺真実）。

困ったこと――トイレ。また、子どもたちが写真を撮ってもらいたがるのにはかなり困った。フィルムが少ないから節約しようと思っても、断りきれなかった。子どもたちがカメラに興味をもつのは当たり前なので、それについての対応も自分なりに考えなければならない（片岡皆人）。

日本との違いを一番感じたこと――やっぱり、ロングハウスという長い家だ。廊下が一番好きだった。一つの部屋にホームステイしていたのに、ロングハウス全体にホームステイしていたように感じた。自分のホストファミリー以外のアパイやインナイ、子どもたちと仲良くなれるホームステイは、このサラワク修学旅行のほかにはないのではないか（廣永智子）。

ロングハウスでの過ごし方――たくさんの人に挨拶をするように心がけていた。みんな明るいので、それだけで明るくなれたし、感謝の気持ちもたくさん伝えた。日本のことをもっと知ってもらおうと努力し、自分の健康管理にも常に気をつけた（渡辺真実）。

旅行をとおして得たものについて

一つは、「まわりの人がいて、その中の自分」というものを感じた。「自分の行動がまわりにどういう影響を与えるか」を考えて行動しようと思った。荒川共生さんが言われたように、まわりの人がうれしくなるようなことをしていきたい。もう一つは、心にゆとりができたと思う。自分の中に広い空間があるような感じがして、物事をゆっくり考えられるようになった気がする。ちょっとうれしい。そのほかにも、本当にいろいろなことを学べた。ここには書ききれない。行って本当に良かった（久保亜沙美）。

視野が広がったと思う。今までは、視野って何？という感じだったが、旅行に参加してその意味がわかった。日本でぼくらが手にしているものは、ほとんどが完成品だ。しかし、豚や鶏の解体、合板工場を見て、その完成品ができるまでの大変さが身にしみてわかった。ぼくが旅行で得た視野の広がりとは、物事の裏側を考えて想像することだと思う。もう一つは、人とのふれあいだ。イバンの人たちとは心から笑いあえたと思う。そして、別れのときは心から泣けた。この感覚は忘れたくない（小川光平）。

テーマの達成について

私のテーマは「自分の器を広げるということ」。ロングハウスで生活しているうちに、自分が小さな枠の中ではなく大きな自然の中で生活しているのだという気持ちに、どんどんなってきた。ロングハウスの生活にはやはり、人間の器を広げる何かがある。それは、イバンの人たちの考え方、行動、すべてにあらわれていて、そういったものすべてが自分を狭い枠の中から引っ張り出してくれているような気持ちになった。自分が実際そういう人たちの中で生活してみて、「あ、こんなふうに生きていけるなら、そりゃ器も広がるわ」と何度も思った。命を尊び、自分のことは自分でやる生活。自分の器を広げてくれるのはそういう生活だったと思う（芦沢梨沙）。

私のテーマは「これから私たちにできることは何なのか」。今でもこのテーマに関して、はっきりとした答えが見つかったわけではない。しかし、この旅行をとおして思ったことは、初めから大きいことを考えるのではなく、まず自分を見つめ直そうということである。たとえば、自分のふだんの生活。イバンの村では食べものは本当に無駄がなく調理されていて、残さず食べていた。「ブタが解体されて、焼かれて、それを食べて」という流れを見ていたら、残すということ、無駄にしてしまうということについて、深く考えさせられた。このほかにもまだまだ自分にはできることがあって、それをすることによってまわりも自分も変わっていくのではないかと思った（奥備季恵）。

生き方への影響について

ロングハウスに行くまで、事前学習で「本当の豊かさを見つけたい」とか「新しい自分探しをしてみたい」とか、口ではかっこいいことを言っていたけど、心の一部分では「たかが六日間イバンの人たちと生活したくらいで変わるほど、自分はこれまで甘っちょろい人生を送ってきていない」と思っていた。しかし、旅行が終わってみると、自分が今まで送ってきた日本の生活が貧しいものに思えてきた。それは、日本人の心が貧しいというのではない。何か自分の中で物足りないものを感じた。だから、この六日間をとおして体験したことを整理して、自分の心の中にある物足りない穴を埋めていけたらいいと思っている。そのためにどうしたらいいか、これからたくさんの時間をかけて深く考えていきたい。こう考えると、ロングハウスでの体験は、そのための第一歩だったんだと思う（中原康貴）。

サラワクと日本のつながりについて

今だから言えるけど、ぼくが持って行ったせっけんにはパーム油が使ってあった。しかし、ぼくはそのことをイバンの人たちやみんなに伝える勇気がなかった。そのことを言うだけで、ぼくとイバンの人たちとの間に先進国と開発途上国という壁ができてしまうと考えたからである。実際に、これはとても大きな問題だと思う。このままでは、サラワクの森林がアブラヤシになってしまうからだ。でも、この問題は大きすぎて、ぼく一人では解決できない。だから、いろいろな人たちに話をして、協力して、このような問題を解決していきたい（関谷瑛一）。

日本とサラワクは遠いようで、かなり密接なつながりがあるなと思った。合板のことなどもあるけれど、一番印象に残ったのはアパイの言葉だ。アパイのおじいさんの時代に、日本兵がやってきてひどいことをしてしまったけれど、アパイは「日本人のことが好きだ」と言ってくれた。そのときはどう答えていいかとまどってしまったけれど、アパイの心の大きさに感動した。サラワクとはいろいろなつながりがあって、それはよいことばかりではない。けれども、つながりがあるということは、悪ければ良いように変えていくことができるのだから、そのつながりを大切にして、忘れないようにしたい（奥備季恵）。

♪一人ひとりの思い

「振り返りシート」の記入を終えると、生徒たちはいよいよスピーチの準備に入った。一人ひとりが自分にとってのサラワク修学旅行の意味と、これからの生活にどのように生かすかという思いを、みんなの前で話す時間だ。まず、自分の思いを表現するキーワードを一つ選んで、紙に書く。

河村宏紀（かわむらひろき）が選んだキーワードは「問題の数≠答えの数」だ。

「ぼくは今まで日本にいたとき、一つの問題には決められた答えがあって、そのレールというか、それを崩さないように、できるだけ自分の答えや考え方を近づけようとしていました。でも、イバンの人たちのところで生活したら、いろいろな文化や考え方が見えてきて、正しい答えというのは必ずしも一つではなくて、たくさんある場合もあるし、もしかしたら正しい答えは最初からないものなのかもしれないってことがわかった気がします。

今までとは違う生活に溶け込むことによって、自分の心が広くなったというか、ものを前から見たり横から見たり、後ろから見たり上から見たりと、いろいろな方向から見ることができました。ここには全部で二一人、スタッフの方たちを合わせると三〇人いるけど、『三〇人三〇色』といった感じです。それぞれの考え方を大事にしていきたいと思いました」

岩崎愛子が示したキーワードは「人に学び、共に生きる」だ。

生徒が選んだキーワード

「ロングハウスの人たちはすごく思いやりがあります。よく私は他の人のことを心配するんだけど、『だいじょうぶ?』と言うときに、本当に心から心配して言っているのかなと考えさせられました。うわべだけじゃなくて、心から人のことを考えてあげられるようになりたい。

　別れるときに『イバン語が少ししか話せなくてごめんなさい』って言ったら、インナイが『チョコップ、チョコップ(十分だよ)』と言ってくれ、涙が止まらなくなりました。ロングハウスの言葉は『サマサマ』とか『テリマカセ』とか『チョコップ』とか、一つ一つにいろいろな意味が含まれています。言葉というのはすごい、言葉をもっと勉強したいなと、そのとき思いました。

　日本ではよく、自分は何で生きているんだろうと考えることがあります。けど、ロングハウスではそんなことは思わずに、とにかく毎日毎日一生懸命でした。日本にいるときは、無力感というか、大勢の中の一人というか、自分というものが全然もてませんが、ロングハウスにいたときは、自分もだれかの役に立っているのかなって少しでも思えたときがありました」

一人ひとりが語る言葉には重みがあり、どの生徒の表情にも喜びと自信が満ちあふれている。スタッフはみな、それぞれの話を聞きながら、「こんなに豊かな学びをしたんだ」ということを発見し、深い感動に包まれていた。

♪スタッフのメッセージ

続いて荒川共生さんと荒川純太郎さんが、生徒一人ひとりの発表についての感想や、旅行全体を振り返った気づきを話した。この日のミーティングはすでに三時間を経過していたが、生徒は二人の話に真剣な表情で聞き入っている。岩田和彦は、二人の話を聞いた感想を次のようにまとめた。

「荒川共生さんからは、一人ひとりの発表についての講評をいただいた。その中で印象に残ったのは、『もし今回のことを一〇〇人の人に伝えたら、七人の人は考え方が変わるだろう』という話だ。七%、ぼくは案外多いなあと思った。でも、九月になってからクラスでサラワクのことを話したときに、二人ぐらいしか考え方が変わらないのかなあと思ったら、やっぱり少ない気がする。

そんな思いを補強するかのように、荒川純太郎さんの話に『継続は宝なり』という言葉があった。伝え続けていくことによって、相手に新しい考え方を見つけてもらう。それによって、自分の宝物は何倍にもなっていく。ときには完全に否定されて、逆カルチャーショックを受けるかもしれない。でも、それにくじけないで伝えていこう。

失敗は若いときほど人生の肥やしになるという。これから、もしかしたら辛いことがあるかもしれない。でも、自分たちは間違ったことをしているのではない。それどころか、やるべきことをしていると信じて生きていきたい。頑張って伝え続けていけば、いつかみんながわかってくれるときが来る。『行動していけば、社会は変わる！』。ちなみに、これは、荒川共生さんがおっしゃった言葉の『裏』だ」

♪これから始まる

サラワク最後の午後は、夕方までクチン市内を散策したり、お土産に民芸品やお菓子を買ったりして、過ごす。そして、夜の九時にチャイさんとも別れて、クチン空港を飛び立った。シンガポールを経由して広島空港に到着したのは、翌朝の九時二〇分だ。空港では、家族や校長が生徒の帰りを待ちわびていた。全員がそろったところで、スタッフ一人ひとりが挨拶し、最後にリーダーの岩田美緒がこの修学旅行を締めくくる。

「私たちは一回りも二回りも大きくなって帰ってきました。すばらしい経験をさせていただきました。それができたのも、この旅行がたくさんの人に支えられていたからです。この旅では、スタッフの皆さんに何かと負担をかけてしまいました。それでも、皆さんが私たちに対して『良い旅だった、良いメンバーだ』と言ってくれたのが、一番うれしいことです。本当にみなさんあっての旅行で、私たちが知らないところで、もっともっと苦労されたと思います。メンバーを代表して心から感謝を述べたいと思います。ありがとうございました。

また、こうして一生に残る大切な機会を与えてくださり、スタッフの方とは違った意味で私たちを支えてくださった保護者の皆様に、みんなでお礼を申し上げたいと思います。ありがとうございました。そして、メンバーのみんな、本当に楽しい旅だった。ありがとう」

解散をしても、生徒は立ち去ろうとしない。純太郎さんや共生さん、山口さん、仲間との別れを惜しんでいる。保護者は、一〇日間でこんなに深い絆が子どもたちの間に育ったことに感動していた。

「なんだかここへ来て、旅行が終わったような気がしない。これから始まるような気さえする。いや、これでいいんだ。実際、始まりはこれからなんだから。スタッフ一人ひとりの挨拶。これで別れるんだという気がしない。一人ひとりのコメントを心に刻み込み、空を見上げた。ログハウスで見たのと、なんら変わりない青空を」（岩田和彦）

第2章

ぼくが、この修学旅行を企画した理由（わけ）

ぼくは大学卒業後、一〇年間メキシコで生活した後、日本に戻って、教員になった。ブラジルの体験を日本の教育にどう活かすかというのがぼくの課題であり、そのとき生まれたのがサラワク修学旅行だ。ぼくの歩みと実現までの経緯を紹介しよう。

1 ブラジルで自分を発見

♪貧しい人のために働きたい、人間的に成長したい

ぼくは一九五三年に大阪市で生まれた。生後まもなく父の転勤で広島県呉市に引っ越し、高校を卒業するまで過ごす。一歳のとき、呉カトリック教会でドイツ人司祭から洗礼を受けた。小さいころから貧しい人や病気の人のために働きたいという思いをもっていて、小学生のころの憧れは、アフリカで伝道と医療活動に従事したシュバイツァーだった。

高校生になっても同じ思いをもっていたが、内面の問題や人間関係に行き詰まり、学習意欲が低下していく。京都で予備校に通っていたときも、状況は好転しなかった。そんなとき活路を開いてくれたのが、カトリック教会の司祭になるという新しい目標である。

ぼくは司祭をめざして、東京都千代田区にある大学に入学して哲学を学ぶかたわら、練馬区にある東京カトリック神学院で司祭になるための養成を受けた。ところが、神学院に入っても、ぼくの精神的な葛藤は変わらない。目標はあるのだが、それを実現する道がどこかで断た

れているように感じるのだ。目標に向かって前進できないことを情けなく感じ、そんな自分を責めた。その一方で、常に自分を変えたいという思いをもっていた。このお陰で、ぼくはあきらめずに解決への道を探し続けられたのだと思う。

大学三年になると、毎週日曜日、中野区にあるカトリック徳田(とくでん)教会で小・中学生の教会学校を手伝うようになる。教会学校は、小・中・高校生を対象に日曜日に開かれていた。

小学生はいっしょにミサに参加した後、各学年に分かれて聖書の勉強をする。中学生は毎週、学校、家庭、社会などについてテーマを設けて話し合った。毎月一回は土曜日の午後に、リヤカーを引いて近くの団地で古新聞や古雑誌を回収し、それを売ったお金で虫下し(駆虫剤)を買って、ブラジル南部のファベーラ[1]と呼ばれる貧しい地域で働いている日本人司祭のもとに送っていた。ぼくもこの活動に参加しながら、しだいにブラジルの貧しい現実を自分の目で見たいと思うようになる。そして、ブラジルを知ることによって、貧しい人のために働きたいという思いがぼくのなかにふたたび起こってきた。

当時の徳田教会には、フランス人司祭のコンスタン・ルイさんが働いていた。ぼくは、祖国を離れて日本人のために働くルイさんの生き方や人間的な温かさに、魅力を感じていた。また、ベルギー人司祭の故ヴィクトール・マルゴットさんとの出会いも、ぼくに大きな影響を与えている。マルゴットさんは二〇年近く日本で働いた後ブラジルに渡り、貧しい子どもたちや日系人のために働いた。彼の人柄や考え方、彼がいきいきと語るブラジルの生活に、ぼくは強く惹かれていく。

この二人以外にも、小さいころから多くの外国人宣教師との出会いがあった。彼らをとおして、母国を離れて生活することによって人間的に成長できるのではないかという期待を、ぼくはもつようになる。こうして、ぼくはブラジルに行くことを決意し、哲学科を卒業するとき、神学院の院長にブラジルでの二年間の研修を願い出た。

♪心が解き放たれた

ブラジルでの生活を始めたときは、自分を変えたいという思いを強くもっていたので、新しい文化や生活に慣れるのにあまり苦労を感じなかった。気づいたときは、考え方も感じ方もブラジル人みたいになっていたようだ。そして、ブラジルが大好きになった。

日本にいたころ、ぼくに勉強する意欲があまり出なかったのは、自分が何かの役に立つという実感がもてなかったためである。ところが、識字率が日本と比べてかなり低いブラジルでは、一年も経たないうちに、ぼくの話すポルトガル語でも人の役に立った。会話は十分にできなくても、文章の朗読はできたからだ。

ブラジルは世界中の民族を受け入れる「コラソン・デ・マイン(母の心)」をもっているといわれる。ぼくは、まさにそのなかで成長していく。毎日の生活は、ぼくに生きる活力を与えてくれた。生きるのがつらいという感じが、少しずつ消えていったのだ。それは、ブラジル人のやさしさや寛大さが、自分を束縛していたものを少しずつ解き放ってくれたためだろう。そして、日本にいたころは、自分を押さえつけ、ずいぶん無理をして生きていたことに気づく。

当初、片言のポルトガル語しか話せなかったぼくは、身振り手振りで身体全体を使って、自分の気持ちや考えを表現していた。以前のように人目を気にしていては、生きていけなかったからだ。幼児のような素直な心で生き始めたぼくは、ブラジルの貧しい人びとの素朴さに助けられて、それまでもっていた「プライド」や「エリート意識」のようなものを少しずつ捨てることができた。言葉に不自由しなかった日本よりもブラジルで冗舌になっていたのは、不思議だ。

思ったこと、感じたことをありのままに表現できるようになって、ぼくは自由になった。ブラジル人は、喜び、幸せ、悲しさ、怒りといった感情を素直に表現する。うれしいことがあれば、「とっても幸せ」と言う。だれかが悲しい顔をしていると、「何か悲しいことがあったの」と尋ねてくる。そんなブラジル人と生活するなかで、ぼくも自分の気持ちや考えを自由に表現できるようになっていった。

♪共にいること、自立心を育てること

ブラジルの国土は日本の二四倍だから、「広大な国」というイメージをぼくはもっていた。たしかに、牛は広大な牧場でのびのびと生きている。でも、サンパウロやリオ・デ・ジャネイ

ロのような大都市では、多くの人びとがファベーラの劣悪な環境で生活していた。豊かな資源があるにもかかわらず、それらは日本などの工業先進国に流出し、国民の大半は「豊かなブラジル」を享受できていない。

一九六〇年代に始まった工業化によって、農村部では大農場が拡大した。一方で、土地を失ったり失業したりして都市部に移り住む人びとが増えていく。その結果、都市は無秩序に拡大し、貧困や失業、犯罪といった社会問題が深刻化した。同じ資本主義経済のもとにあって、日本のような工業先進国はますます豊かになり、ブラジルでは人びとの生活はかえって貧しくなっていく。九〇年には、インフレが月間八〇％に達したことさえあった。

しばらく暮らすうちに、貧しさは物質的な面だけではないことにぼくは気づく。身体的・精神的・文化的・教育的・道徳的など、さまざまな意味の貧しさがあるのだ。ブラジルに犯罪が多いのは、貧困の結果である。路上生活をするたくさんの子どもたちは、さまざまな理由で両親から見放され、一人で生きていくことを余儀なくされている。学校教育も家庭教育も受けられなかった子どもたちが路上生活で学ぶのは、生きるための「術」だ。

貧困は貧困を生む。貧しい人びとに目を向ける、貧しい人びとにかかわるというのは、こうした貧しさの現実を受けとめることにほかならない。

しかし、貧困を生み出す複雑な社会構造を知るにつれて、自分の無力さを感じた。そして、何のために貧しい人たちのところに来たのか、彼らのために何ができるのか、自問し始める。

ブラジルに着いて間もないころ、南部にあるパラナ州のマリンガ市[2]で、毎日のようにファベーラを訪問していた。そのひとつヴィラ・エミリアの人たちは、ぼくが帰るときにいつもこう言った。

「訪問してくれてありがとう。また来てください」

当時は、片言のポルトガル語しか話せないぼくにどうして「ありがとう」と言うのか、不思議だった。ずっと後になって、彼らは、ぼくが何かをしたことに対してではなく、彼らといっしょにいることに感謝していたのだと気づく。ぼくに求められているのは、貧しい人たちに「何かをする」ことではなく、彼らと「共にいる」ことだったのだ。

貧しさの根本は、社会で孤立し、だれからも愛されていないと感じることである。だれかに関心をもたれている、愛されているという体験は、生きる力を与える。

ブラジルでは六〇年代に、市民活動をしている人たちの間で、過去の「援助主義」について反省され、貧しい人たちに対する物質的な援助は必要だが、それだけでは根本的な解決にはならないと指摘されていた。ある人が貧しいのは、その人個人の責任ではなく、貧しさを生み出す社会構造が存在するからである。この構造を変えて初めて貧困を根本的に解決できるのであって、物質的な援助はかえって依存心を増す場合がある。

こうしたなかでぼくは、貧しさを解決する主人公は貧しい人たち自身であることにも気づいていく。大切なのは、彼ら自身が自分たちの社会状況に気づき、その解決のために立ち上がる自立心だ。そして、自分にできるのはその自立心を育てることだと思った。

♪教えるはずが教えられた

二年間の予定でブラジルへ行ったぼくは、自分のなかで始まった大きな変化を中断したくなかった。結局、一二年間もブラジルで生活することになる。その間、クリチバ市[3]（パラナ州）とメキシコ・シティー（メキシコ）で神学を勉強したり、ノーヴァ・イグアス市[4]（リオ・デ・ジャネイロ州）やロンドン・ド・パラ市[5]（パラ州）の教会で働いた。

教会の仕事といっても、教会の中だけではなく、地域住民の生活を向上させるための活動が多かった。識字教育、裁縫などの技術習得をとおした女性の自立の手助け、ブラジルの歴史や政治・経済・社会などについての学習、生活向上のための住民運動や労働運動、土地問題やストリート・チルドレン問題の解決のための取組みなどである。

生活は決して平穏だったわけではない。たとえばノーヴァ・イグアス市に住んでいたとき、近所の子どもたちがある朝ぼくを呼びにきた。路上に死体があるというのだ。彼らに連れていかれたのは、ぼくの家のすぐ近くで、たしかに路上に死体が横たわっている。あまりのショックで、何も言葉が出てこなかった。そのそばで子どもたちが平然と走り回っているのを見て、さらに驚いた。その後もこうした場面に何度も出会う。人びとは、いつも命の危険にさらされながら生きていた。

ぼく自身も何度となく危険な目にあう。たとえば、ある朝バスターミナルで、リオ・デ・ジャネイロ行きのバスに乗ったときのことだ。二〇分ほど経って人気の少ない国道に入ると、バスに乗っていた三人の男が突然立ち上がり、乗客にピストルを突きつけて、全員に金を出すように命じた。ぼくはその日、バスに乗ったときに嫌な予感がして、持っていたお金の大部分をすぐに靴下の中に隠していた。予感がみごとに的中したわけだ。すぐ前に座っていた中国人男性に銃口が向けられ、ぼくの体が凍りついたときのことは、いまも忘れられない。彼らは全員から金を奪い取ると、運転手にバスを止めるように命じ、平然と降りていった。

その後、運転手は警察に行こうとしたが、乗客は運転手に駆け寄り、警察に行かないように頼み込んだ。警察に届けたところで犯人が捕まるわけではないし、多くの乗客はリオ・デ・ジャネイロで乗り換えるバスの切符を無効にしたくなかったからである。

リオ・デ・ジャネイロのバスターミナルに到着してバスから降りると、突如ぼくのなかに感情の嵐が湧き起こってきた。それまでは、緊張のあまり感情が停止していたのだろう。恐怖と怒りが一気にあふれてきた。犯人に対してだけでなく、このような犯罪に対して何もできない社会の矛盾に怒りが込み上げてきたのだ。

ロンドン・ド・パラ市に住んでいたときは、ジャングルを拓いてつくった村々の教会（小学校や集会所を兼ねる）を訪ねる生活だった。普通の乗用車では通れない道が多く、おもに馬やジープを使っての移動である。

これらの村は街の中心から近くて数キロ、遠いと数十キロ離れていた。しかし、大半の住民は馬もジープも持っていない。街に用事があるときは、牧場を回って牛乳を回収する小型トラックや、伐採した木材を運搬する大型トラックの荷台に乗せてもらうか、長い道のりを歩くしかない。雨季に入ると道路は泥沼のようになる。人びとはその道を、重い荷物を担いだり子どもを背負って、街まで何時間も歩き続ける。

ぼくが出会ったブラジルの貧しい人たちの生活は厳しかったが、苦境を乗り越えるたくましさと人を受け入れるやさしさを、常にもちあわせていた。だから、ぼくにはブラジルの生活が大変だったという印象があまりない。むしろ、楽しかった思い出であふれている。それは、ぼくが多くの人たちに出会い、多くの人たちから愛され、多くのことを教えてもらったからだろう。貧しい人のために働きたいという思いでブラジルに行ったのだが、逆にぼくのほうが彼らからたくさん教わった。

♪「内」と「外」を見つめる

ぼくはこれまで、自分の内面を見つめる「内」と、社会や世界に出会う「外」への二つの旅をしてきたと感じている。ぼくにとって「内」と「外」に向き合うのはかなり大変だったし、時間がかかった。中学から高校にかけては「内」の葛藤に悩み、予備校生のときにはその悩みがさらに深刻になった。大学に入ってからは、関心は「外」に向き始める。「外」を向くことによって「内」の問題を乗り越えようとしたのかもしれない。そして、ブラジルに行って「外」への関心が一気に加速される。

だが、あるできごとを契機に、ぼくの関心は再び「内」に向かう。それは、ペトロポリス市（リオ・デ・ジャネイロ州）にある人間再開発センター（Centro de Revitalizacao da Pessoa）で行われた一カ月間のカウンセリング研修である。この研修をとおして、ぼくは自分を発見する喜びを体験した。

ぼくは小さいころから、キリスト教の影響で人を愛する大切さを教わり、人に奉仕したいと思って生きてきた。でも、この研修で、これまで自分を大切にしてこなかったことに気づく。聖書に「自分を愛するように、あなたの隣人を愛せよ」という言葉がある。これは、「まず自分を愛し、それと同じくらいほかの人を愛しなさい」ということを意味している。ところが、ぼくは自分を大切にしないで、ほかの人を大切にしようとしていたのだ。

ぼくはこの研修で、自分のありのままの姿を発見した。そして、自分のイメージが否定的なものから肯定的なものへと変化していく。それまで無理矢理はめ込んでいた「ジグソーパズル」の部品を一度ばらばらにして、最初からつくり直していくような感じだ。仲間の前で自分の過去を語るのはつらいときもあったが、自分を変えたいという思いに支えられて、自分のなかにあるものをどんどん表現していった。

グループカウンセリングの場で、ぼくが予備校生時代に無気力状態になっていたときのことを恥ずかしそうに話したとき、仲間の一人がぽつりと言った。

「その少年は懸命に生きようとしていたんですね」

その一言に、ぼくは全身を揺さぶられるような衝撃を覚え、しばらく涙が止まらなかった。あんなに泣いたのは赤ん坊のとき以来だったと思う。

このときまでは、予備校生時代の自分を、ただ「情けない存在」としか思えなかった。ところが、「懸命に生きようとしていた」という新しい見方をすることで、評価は大きく変わる。それまでは自分を振り返るとき、いつも無気力な状態ばかりに目を向けていたので、自分を否定的にしか見られなかった。仲間のこの一言によって、ぼくは無気力な状態から抜け出そうと懸命に闘っていた自分を発見し、自分のなかにたくましい生命力を感じたのだ。

自分を見つめ始めてからは、自分との出会いに魅了され、自分を知ることに興味をもっていく。ブラジルやメキシコの生活によって「外」の世界を発見し、今度は自分の「内」に深遠な世界を発見した。自分を探求すればするほど、それまで気づいていなかった新しい面を発見し、どんどん深まっていく。

そして、「内」の世界に希望がもてるようになると、不思議と「外」の世界にも希望がもてるようになった。「内」と「外」には、つながりがある。「内」の変化を信じることと「外」の変化を信じることが、つながっている。「内」だけを見つめていても、「外」だけを見つめていても、世界には出会えない。両方を見つめて初めて世界に出会い、そして世界のなかで存分に生きられる。この「内」と「外」の両方を見つめるということは、教育の現場に立つ今も、ぼくの大きな柱となっている。

（1）住む場所のない貧しい人びとが川べりや崖地、緑地、湿地、線路沿いなど、おもに利用されていない公共の土地に住み着いてできたスラム。ブラジルの都市部にはたくさん存在する。サンパウロ市では人口一一〇〇万人の一五％が、リオ・デ・ジャネイロ市では人口六〇〇万人の二〇％が住んでいる。不法占拠地という事情から、道路、上・下水道、電気などのインフラ整備をはじめ、教育や医療などの公共サービスへのアクセスが保障されにくい。そこで、生活を向上させるための運動が長年にわたって住民の手によって行われてきた。

（2）人口三二万人のうち約一万三〇〇〇人が日系人で、政治・経済・文化など幅広い分野で活躍している。コーヒー、大豆、綿花、牧畜などが主要産業であったが、近年は工業化が進められてきた。

（3）サンパウロから西へ約四〇〇キロ離れた南部パラナ州の州都。海抜九〇〇メートルの高地にあるため過ごしやすい。ヨーロッパ系移民を中心に二〇世紀初頭から急成長し、現在人口は約一六〇万人、地域経済と交通の中心として栄えている。

（4）リオ・デ・ジャネイロ市から北西四〇キロに位置する、人口八六万人のベッドタウン。生活基盤が整備されないまま人口が膨れ上がったため、人びとの生活は貧しい。さまざまな社会問題を抱え、犯罪も多発している。

（5）北部アマゾン地域にある、人口四万人の小都市。木材業や牧畜業の発達に伴って形成された。

2　教育とは希望を育てること

♪思いがけず教員へ

一二年間生活したブラジルを後にして日本に戻ったのは、一九九〇年一二月だ。その前年に、結婚するためにカトリック教会の司祭を辞め、おもに通訳・翻訳のサービスをするリオ・デ・ジャネイロ市のユチコンという会社に一年間、勤めていた。

ぼくと結婚するために、妻は日本からブラジルに移ってきた。しかし、言葉の不自由さ、治安の悪さ、生活水準の違いなど、日本とあまりにも異なる生活環境になじめず、帰国したいという思いを常々もらしていた。そのようなとき長女を妊娠し、帰国への思いがさらに強まっていく。

ぼくはといえば、日本の社会に戻って仕事を見つけ、生活する自信がまったくといっていいほどなかった。なにしろ一二年間も日本を離れ、しかもずっと教会のなかで働いていたのである。どうしたらよいかわからず困っていたが、ユチコンの社長さんに、「ひとまず日本に行って、仕事があるかどうか探してきなさい」と言われ、いったん帰国する。

帰国後約二カ月間、いろいろ仕事を探したが、見つからなかった。そんなとき、広島市佐伯（さえき）区にある広島工業大学で働いていた知人の紹介で、大学の附属図書館への就職が決まった。そこで一年間働きながら、京都にある大学の通信課程で教職免許を取得するための勉強をすることになる。

ぼくは大学時代、中学・高校の教職免許を取得するために必要な単位をほとんど修得していたが、教育実習が嫌で免許は取っていなかった。三八歳の年齢で、大学と同じ敷地内にある広島工業大学附属中学校・広島高校で教育実習をあらためてすることになったのだ。こうして、九二年四月、この学校の社会科教員の仕事に就いた。

学校で働くことは、ぼくのそれまでの人生からは想像できない選択だった。高校生のときは自分の感じていることや考えていることがうまく表現できず、自分らしい生き方をできなかった。それもあって、将来の仕事を考えたとき、教員にはなりたくないという思いをもっていたからだ。ところが、それまでの勉強や経験を活かせる仕事を考えると、教員が適しているように思われた。何人かの知人にも励まされて、学校で働くことにする。

♪生徒たちにいきいき生きてほしい

広島工業大学附属中学校・広島高校は六一年に開校された中・高一貫校で、生徒数は男女合わせて約一一〇〇人だ。卒業生の大半は、広島県内だけでなく、関西・関東などを中心に全国の大学に進学している。近年は、海外の大学に進学する生徒も出てきた。

九〇年代なかばからは教育改革に取り組み、国際性と創造力の育成などを目標として、オリジナルな教科を設置し、特色ある教育づくりを進めている。その一つに「人間科」の授業がある。これは、中学一年から高校三年まで各学年で一年に三回、毎回四～一五時間をかけて実施される。テーマは、命、人間関係、国内と世界の問題、生き方、進路など多岐にわたる。授業形態は、ワークショップ、外部講師の講演、社会体験などだ。

このほか、中学一年で週二時間「森」、中学三年で週二時間「グローバル・ラーニング[1]」の授業を行う。高校三年では、文系の選択授業として週三時間「国際理解[2]」、週二時間「中国語」、理系の選択授業として週五時間「自然」の授業を行っている。

働き出したときの学校に対するぼくの印象は、自分の中・高生のころとそんなに変わっていなかった。とはいえ、ブラジル帰りのぼくにとっては、毎日がカルチャーショックの連続だ。正直言って、しんどい。そのしんどさを何とかするために、授業やホームルームの仕事以外に、自分らしさが発揮できる活動をしたかった。

まず国際クラブを創設し、外国の人との交流を始める。「倫理」の授業には、社会とのつながりを深めるために、ＫＪ法を使ったワークショップ(第6章3参照)を取り入れ、人間の心理の学習にもかなりの時間を割いた。その後、「国際理解」や「人間」の授業も担当するようになる。

これらの活動のすべては、生徒たちにぼくのようなつらい思いをしてほしくない、いきいきと生きてほしい、ぼく自身が「自分」と「世界」に出会った喜びを生徒たちにも体験してほしい、という思いから生まれている。

♪「解決したいという願い」をもつ生徒を育てたい

ところが、授業で日本や世界の問題を取り上げると、クラスの雰囲気が重くなる。ブラジルの体験を話しても、うまく伝わらない。日本とブラジルの間に大きな壁が存在しているのだ。

それ以来、ブラジルと日本のように経済的・社会的・文化的に大きく異なる「二つの世界」をどのようにつなげるかが、ぼくの課題となった。それは、ブラジルの体験をぼくのなかでどう整理し、教育に生かすかという課題でもある。また、ぼくが社会の問題について話すときに生徒の意欲が高まらない原因を考えると、多くの生徒が「問題は解決する」という希望をもっていないことに気づいた。

ブラジルでは、貧困などの社会問題を解決するために、市民レベルでさまざまな活動が行われている。そこで粘り強く活動している人たちにぼくが見たのは、将来に対する「希望」だった。彼らが取り組む問題の一つ一つはとても複雑で、多くの困難が立ちはだかっている。それでも活動を続けられるのは、目には見えない可能性を信じるからだ。ぼくは、「希望をもつ」

というのは「解決するという確証」をもつことではなく「解決したいという願い」をもつことだと、彼らから教えられた。

希望がもてない生徒は、問題について考えても何も解決しない、それどころかかえって気持ちが暗くなる、と思っている。そして、社会の問題を見ようとすると、自分が無力だと思う分、いっそうつらく感じてしまう。

ぼくは教員生活をするなかで、教育とは問題解決や変化の可能性を信じる力、すなわち希望を育てることではないかと思うようになった。問題を指摘するだけでは、教育にならない。人間や社会の理想を押し付けるのでもダメだ。大切なのは、おとなが自分に正直に、希望をもって生きる姿を示し、その姿をとおして将来に希望がもてる子どもを育てることではないだろうか。

(1)「総合的な学習の時間」に実施されている科目。ワークショップをとおして、生産者と消費者、農家と企業、国家と国家、人と自然、人とメディアなど、さまざまな「つながり」を体験する。また、学んだことを発表する機会を頻繁に設けている。

(2) ワークショップ・外部講師による異文化体験学習・課題研究をとおして、多文化理解・国際理解について学習する。

3　サラワク修学旅行の誕生

♪それは出会いから生まれた

サラワク修学旅行は人のつながりによって生まれたと、つくづく感じる。

ぼくが荒川純太郎さんに出会ったのは、ブラジルから帰国した直後だ。荒川さんは、日本基督教団牛田教会で牧師として働いていたとき広島開発教育研究会を創設し、ぼくがその例会に参加したのがきっかけだった。しだいに、学校の教育活動についても話すようになる。

国際クラブでは、異なる文化・社会を理解するだけでなく、国際関係を理解したり自分たちの生活についても考えるために、アジア学院[1]でのワークキャンプ、ＰＨＤ協会[2]との交流、グローバル・ビレッジ[3]が行うフェアトレード産品[4]の委託販売などを行っている。このような活動をしていくうち、生徒たちにアジアの人たちと直接交流をしたいという思いがわいてきた。

そのとき、荒川純太郎さんをとおしてＳＣＳがサラワク州の先住民族イバンの人たちの間で活動していることを知り、この団体と交流を始めた。さらに、彼の長男・共生さんが勤めるアジアボランティアセンター（ＡＶＣ）が、イバンの人たちの居住するロングハウスでスタディーツアーを実施していることを知る。当時、広島工業大学附属広島高校では修学旅行のコースの一つにアジア地域を入れることを検討していた。こうした経緯で、サラワクでの修学旅行の実施を視野に入れて、一九九七年の夏に国際クラブの生徒一名とともに、ＡＶＣが企画するサラワク・スタディーツアーに参加した。

スタディーツアーとは、国際協力・交流市民団体（ＮＧＯ）などが支援活動を行う現場の視察や体験活動、そこに暮らす人びととの交流などをとおして、国際理解を深めることを目的として行う旅行をいう。アジアボランティアセンターは、バングラデシュ・インド・ネパール・マーシャル諸島・マレーシア（サラワク州）・アフガニスタンで、現地のカウンターパートＮＧＯの活動現場を訪ねている。ＮＧＯの協力を受けて、農村開発・環境・福祉・人権・平和など多彩な取組みに学び、現地の人びととの草の根の交流を行うのだ。サラワク州では、カウンターパートであるＳＣＳの協力のもとに、年に二回スタディーツアーを行い、小学生からおとなまで数多くが参加している。

このスタディーツアーには大学生も多く参加しており、彼らはイバンの文化に大きな刺激を受けていた。いっしょに行った生徒はどちらかというと人間関係があまり得意なほうではなかったが、言葉は不自由であるにもかかわらずイバンの人たちのなかにみごとにとけ込んだ。そして、以前にはなかった生き生きとした姿を見せた。その様子を見て、修学旅行をサラワクで実施したら高校生にとってきっと大きな学びになるだろう、という確信をぼくはもつ。

旅行が終わりに近づくころ、この思いを共生さんに話したところ、彼はすぐに賛同し、ＳＣＳのアジャ事務局長の協力も得られることになった。アジャさんは純太郎さんがサラワク州で宣教師として働いていたときの同僚であり、二人はそれ以来の友人である。アジャさんは日本に数回来ており、シブ市にある彼の家にはこれまで多くの日本人がスタディーツアーなどで立ち寄った。長期滞在した日本人も多い。

こうしたつながりのなかで、修学旅行の企画が生まれた。

♪不安を上回る、本物の体験へのこだわり

スタディーツアーから戻ってすぐ、ぼくは校長に旅行の様子を報告し、高校でのサラワク修学旅行の実施を提案した。心が揺さぶられるような感動を生徒に味わわせたいと常々思っていた校長は、この旅行に強い関心を示す。

広島工業大学附属広島高校では九五年から、それまでの観光型・見学型の修学旅行に代わって、滞在型・体験型の、複数コースから生徒が主体的にテーマを選ぶ選択制の旅行を行ってきた。これまでに実施したコースは、イギリス（英語研修）、カナダ（インターナショナルキャンプ）、アメリカ（日系人との出会い）、中国（文化学習）、沖縄（マリンスキューバ）、北海道（スキー体験、アウトドア・スポーツ、アリスファーム）、屋久島（自然）、白馬（クラフト）、阿蘇（アリス

ファーム）などである。このように変わってきたのは、生徒が本物の体験をして深い感動を味わってほしいという思いが教員にあり、プログラムづくりにこだわってきたからだ。

一方で、「人間科」や「国際理解」の授業をとおして、生徒が理屈だけでなく体全体を使って学び、しかも仲間と学びを共有できることを知り、教員のなかに体験型学習の意義が深まっていた。

サラワク修学旅行は、高校生に大きな学びをもたらす。それは間違いない。しかし、ボルネオ島の先住民族が居住するロングハウスへの旅行は、学校行事としては前例がない[5]。ぼく自身にも、床に食器を並べ、手を使って食べる食事、サロンを着用する生活、川での水浴び、簡素なトイレ、森や川での歩行など、日本とは大きく異なるイバンの生活に生徒がうまく適応できるかどうか不安があった。ほかにも、実施にあたっては懸念がいくつかあった。

第一に、大学生や社会人が自主的に参加するスタディーツアーと異なり、高校生が修学旅行でどこまで主体的にイバンの人たちと交流できるか。第二に、生徒や保護者の信頼が得られ、学校として責任が負える安全対策を講じられるか。第三に、旅行会社の協力が得られるか[6]。第四に、学校内の意見調整を図れるか。

修学旅行のコース企画は、高校一年の担任と副担任が中心になって行う。ぼくは高校一年の学年会で、現地で撮影したビデオを上映しながら下見の報告をし、サラワクコースを提案した。それに対して反対する教員は一人もいなかった。ボルネオ島やサラワクはどの教員にとっても「未知の世界」であり、それゆえ不安は大きい。しかし、この旅行で生徒が本物の体験をするだろうということについては、だれも疑わなかった。だから、問題点を指摘する教員はいても、反対を表明する教員はいなかった。本物の体験ができるコースをつくろうという気運が学校内にあったのだと思う。

♪実施に向けた事前対策

修学旅行のプログラムについては疑問の余地がまったくなかったが、健康面・安全面については慎重に検討しなければならない。学年会には、この点に関して、あらかじめ学校とアジアボランティアセンター、旅行社との間で話し合われた対策を示した。学年会ではさらに問題点が指摘され、それぞれについて対策が講じられていく。

まず、健康面については養護教諭が同行し、あわせて次のような対策をとった（ただし、二年目からは養護教諭に代わって、アジアボランティアセンターが募ったボランティアの看護師が同行している）。

①　サラワクには感染症など特別な病気はない。ただし、気候や文化の変化が体調に与える影響は大きい。この点について、生徒一人ひとりが明確な意識をもち、自分自身が健康管理に気を配ることが重要である。そのため、睡眠の確保、食生活、日焼け対策など健康管理に関する事前学習を徹底させる。

② 現地で予想される病気（風邪、腹痛、下痢、虫さされ、日焼けなど）について説明し、生徒はそれぞれのかかりつけの医師に薬を処方してもらって携行する。

③ ロングハウスには診療所がないので、シブとクチンにある医療機関を確認する。ロングハウスで病気や事故が発生し、緊急の対応が必要な場合には、スピードボートで病院に搬送する態勢を整える。

④ ロングハウスのプログラムについては、ＳＣＳとアジアボランティアセンターとの連携を密にして、生徒に負担になりすぎないように企画する。

⑤ 都市部での食事にはとくに注意を払い、生ものや飲料水などの飲食について指導を徹底する。

次に、安全面について。

① 生徒数は二〇名前後とする。引率スタッフは、教員二名、専門家二名、養護教諭（看護師）一名、添乗員一名の計六名とする。

② マンディについては、泳ぐ範囲と時間を指定し、監視体制を強化する。この点については、ルマ・レンガン村（最初の二年間に訪問したロングハウス）は上流に位置し、川が浅いため、問題はなかった。ルマ・セリ村（三年目からのロングハウス）は下流に位置し、水深があるため、監視体制を強化した。泳ぎの苦手な生徒は救命具をつける。

③ 健康面と同様に、生徒の意識に働きかける。参加する生徒の動機を明確にし、生徒間の

協力体制を強化して、危機管理能力を高めるための事前学習を充実させる。

健康面・安全面に配慮した対策が可能であると判断した学年会は、次年度（九八年度）の修学旅行にサラワクコースを含めることを決定する。そして、職員会議にサラワクを含めた全コースが提案され、最終的に合意が得られた。

♪生徒と保護者の思い

初年度に参加した二四名の生徒（女子一三名、男子一一名）は、サラワクコースのガイダンスで強烈な印象を受け、たちまち参加への意志を固めたようだ。二年目以降は先輩から情報が入り、コースの選択前に多少は状況を把握できたが、初年度の生徒にとっては、まったくの「未知の世界」への旅だった。それでも参加しようと思ったのだから、生徒の思いは深い。

保護者はどうかと言えば、もともと学校が進める教育改革に賛同して子どもたちを入学させていたので、サラワクが加わったことに大きな驚きはなく、むしろ歓迎のムードが強かった。とはいえ、保護者にとってもボルネオやサラワクは未知の世界であり、不安はあったようだ。とくに、女子生徒の両親は風呂とトイレを心配していた。だが、目を輝かせながら参加を願い出る子どもたちを前にすれば、保護者は反対できない。

そして、事前学習が進むにつれて、不安は生徒をとおして徐々に払拭されていったようだ。土曜日の午後を使って保護者と生徒がいっしょに学習する機会も設けた。そこで行われるワークショップでは、保護者同士が旅行への不安や希望を共有し、それに対して荒川純太郎さんや共生さん、教員がコメントしていく。このワークショップで、不安は消えていった。

♪実施に向けた役割分担

具体的な旅行計画に関しては、ぼくと養護教諭、荒川さんたち外部スタッフで進めた。アジアボランティアセンターは数年間にわたって、大学生、教員、会社員などを対象にサラワク・スタディーツアーを実施している。初年度のプログラムは、このスタディーツアーにほぼ従った。スタッフ間の役割分担は次のとおりである。

①学校

旅行中スタッフを統括し、生徒の生活、健康、学習面での指導をする(二年目からは、健康面の指導については看護師が担当した)。

②アジアボランティアセンター

SCSと連絡をとりながら、ロングハウスとシブ市でのプログラムを調整し、旅行中の活動に関して生徒を指導する。

③旅行会社

都市部での移動、宿泊、食事などを企画・実施する。

④地球市民共育塾

言葉と生活面で、生徒とロングハウス住民との仲立ちをする。

⑤ＳＣＳ

アジアボランティアセンターと協力して、プログラムを実施するためにロングハウス住民とのコミュニケーションをとる。

事前学習に関しては、ガイダンス、生徒間交流、日本紹介、報告集、テーマ設定など全体のプログラムを学校が企画し、アジアボランティアセンターと地球市民共育塾との間で次のような分担をした。すなわち、前者がプログラム、持ち物の説明、マレーシア、日本とサワラクのつながり、国際協力に関する学習を行い、後者がイバンに関する学習を受け持つ。

金銭的な負担については、サラワクまでの交通費、都市部での滞在費（交通・宿泊・食事など）、ロングハウスでの滞在費（食事・交通など）、ＳＣＳへの謝礼、プロジェクトを実施するための経費、事前学習を含めた学校外のスタッフの経費（交通費および謝礼）などを含めて算出した。生徒負担は一人あたり約三〇万円である。高いと感じるかもしれないが、子どもたちの意欲や喜びには代えられないと、保護者は語っている。

（1）栃木県那須（なす）郡西那須野町にあり、アジア、アフリカなどの開発途上国から農村リーダーを招いて、有機農法・食料自給・共同体形成を重視しながら、出身地に適した農業、畜産、食品加工、機械整備などの基本技術を身につけるための研修を行っている。研修生と生活や労働を共にする機会として日本人のためのワークキャンプも実施されており、九四年の夏休みに、国際クラブの生徒五名が一週間参加した。内容は、農作業、堆肥づくり、家畜の世話などである。

(2) 神戸市にあり、アジア、南太平洋地域から青年を日本に招いて、農業・漁業・保健衛生を中心に、自立した地域づくりのための研修を行う。帰国した研修生に対しては、指導者を派遣してフォローアップしている。国際クラブの生徒は研修生との交流会に参加したり、書き損じハガキの回収などをとおして、支援活動を行った。

(3) 環境保護と国際協力を目的として活動するNGO。環境問題と南北問題についての情報提供、イベントやキャンペーンを通じた貿易や消費社会の問題点の提起、開発途上国の立場の弱い人びとの自立を支援するフェアトレードの普及・促進のために活動している。

(4) 開発途上国の人びとが生産したものの適正な価格での輸入・販売によって、彼らの貴重な現金収入の道を開いたり拡大したりして、経済的な自立を促進する活動。国際クラブは文化祭で、グローバル・ビレッジから商品を取り寄せて販売したことがある。

(5) アジアボランティアセンターのほかにも、アジア保健研修所(AHI)のように、高校生を対象としてイバン民族のロングハウスへのスタディーツアーを実施した団体はあるが、いずれも個人参加である。修学旅行として実施する場合は、コース選択は生徒と保護者が行っても、最終責任は学校が負うので、安全対策の強化が課題となった。

(6) マレー半島の農村部やボルネオ島の都市部での修学旅行を主催した旅行会社はあったが、ボルネオ島のロングハウスへの修学旅行を主催した会社はなかった。そのため、サラワク修学旅行の主催を引き受ける旅行会社が現れるかどうかという心配があった。

第3章 徹底した事前学習

サラワク修学旅行の事前学習は、一二月から七月にかけて行われる。教員と旅行スタッフが指導に加わるが、中心となって活動するのは生徒たちだ。旅行の準備をしながら、生徒たちは少しずつサラワクの世界に入っていく。

1 事前学習をつくる

事前学習のプログラムは、試行錯誤を重ねながら改良されている。

一年目は、サラワクとイバンの文化や社会の学習に重点を置いていた。ところが、いざ修学旅行を実施してみると、問題があった。ロングハウスの生活にうまく溶け込めなかったり、仲間やスタッフとコミュニケーションがスムーズに図れない生徒が出たのだ。そこで、イバンの人たちと交流するためには、一人ひとりのコミュニケーション能力を高め、生徒間の交流を深めることが大切であると考えるようになった。

修学旅行中の生徒の学びを深めるうえで、事前学習の果たす役割はきわめて大きい。旅行中のプログラムから生徒が何を学べるかは一人ひとりの意欲と関心にかかっており、これらを育てるのが事前学習のねらいであるからだ。

広島工業大学附属広島高校では、海外と国内の各コースで、それぞれの体験を準備するのに必要な時間をかけて、事前学習を実施している。したがって、時間数はコースによって異なる。いずれも、平日と土曜日の放課後を使って行う。

サラワク修学旅行の事前学習は、「テーマをもつ」「交流を深める」「サラワクと出会う」の三つの分野からなる一五の学習活動に分けて進められる。全体で約四〇時間かけている。表1～3(一〇二ページ、一一四ページ、一二二ページ)に、その内容、目的、形態を一覧にした。この章では、そのなかからおもなものだけを取り上げる。

2　テーマをもつ

♪生徒も体験を伝えるガイダンス

事前学習は、一二月に行われる「サラワクって何だ」から始まる。これには五〇人の生徒(高校一年)が集まってきた。最初にぼくが話す。

「これまでこの旅行に参加した生徒は、みんなとても大きな学びをしました。『イバンに行って、日本で一〇年勉強しても広がらないくらい視野が広がった』という感想を述べた生徒もいます。これは、決して大げさではありません。

表1　事前学習のプログラム――テーマをもつ

項　目	内　容	目　的	形　態
サラワクって何だ	101～106ページ参照	サラワク修学旅行の目的と学習内容（事前、現地、事後）、ロングハウスの生活を理解し、旅行に参加する意欲を高める	説明 パワーポイント 上級生による体験談
サラワクに行きたい	106～111ページ参照	サラワク、イバンの文化と社会、日本とのつながりについて学習しながら、旅行に参加する意義を考え、問題意識を深める	個人学習 テスト(筆記・面接)
私のテーマ	事前学習を終えるにあたって、一人ひとりが、サラワク修学旅行をとおして考えたいテーマを設定し、みんなの前で発表する	自分のテーマを設定することによって、視点や問題意識をもって旅行に参加する	個人作業 発表
体験を記事に	報告集の目的と内容、取材の観点、取材方法、執筆方法について理解する イバンの文化・生活に関して自分の取材テーマを設定する	旅行中の観察や体験を記録し、まとめることによって、体験からの学びを深める	話合い 個人作業

不思議なことに、日本人はアジア人であるのに、イギリスやアメリカよりもサラワクに行くほうが大きなカルチャーショックを受けます。それくらい、日本とサラワクの文化や社会は異なるからです。カルチャーショックが大きいのはよいことですが、気をつけないと感動や刺激が強いだけで、体験が日本に帰ってからの生活につながらない場合があります。

ぼくは、サラワクでの学びを深いものにしてほしい。だから、このコースでは事前学習に力を入れ、サラワクやイバンの文化、サラワクと日本のつながりについて知識を得るだけでなく、参加者同士の交流を深めます。異文化とうまく交流するためには、参加者間の交流を深めることが欠かせないからです。事後学習では、中学校で授業をしたり報告集をつくったりして、学んだ内容を他の人に伝えます。伝えることで体験が自分のものになるからです。

このような事前学習から事後学習までのプログラムに参加してみようと思う人は、このコースを選択してください」

それから、映像と資料を使って、修学旅行の目的、スタッフ、事前学習・現地学習・事後学習の概要を紹介する。前年度に参加した生徒も数人やって来て、体験を語ってくれる。竹越（たけごし）協（かのう）の話には、多くの生徒が感銘を受けた。

「マングローブで囲まれた川をロングボートで進んでいったとき、雄大な空の下でマンディをしたとき、広い畑で採れたてのパイナップルを食べたとき、ジャングルウォーキングで泥にずぶずぶはまったり、熱帯雨林に視界をさえぎられたとき、地球を感じました。そして、自分の小ささを実感しました」

奥備季恵は、ガイダンスの感想をこう述べている。

「私がきょう一番心に残ったのは、先輩が話してくださった『地球にいるんだ、立っているんだ』という言葉です。正直言って、今まで何となく過ごして、何となく年をとっていたので、地球に立っていることを改めて考えるなんてありませんでした。そんな風に過ごしているのも、日本では生活が便利になって苦労しなくても生活できるようになったからだと思います。変わったことでよくなった面もいっぱいあるけれど、失ったものもたくさんあります。本当は『生きている』ということが何よりも大切なのに、そう感じなくなってしまって……。そういうことをこのサラワク修学旅行でたくさん学びたいです。私も『地球にいる。生きているんだ！』と体全体で感じたいと思いました」

中学生のころからこの旅行に参加しようと決めていた岩田美緒は、ガイダンスで参加への意志をさらに固めた。

「何を聞いても楽しそうで、参加したくて、参加したくて、絶対参加したくて!! 先生が今までの旅行の例をあげるたびに、自分がそれを体験しているような感覚にひたっていました。もともとの参加希望の理由は、中一のときに父と母に勧められたからです。『サラワク以外の修学旅行に行かせないよ』とまで言うような親だったので、中学校のときから『私は高校の修学旅行はサラワク』と当たり前のように思っていました。そのときは父と母の意見が強かったのだけれど、高校に入ってからは自分の意志で、どうしても『行きたい！』と強く願うようになっていました。

きょうの説明を聞いて、もはや私の意志はだれにも止められません。何があっても必ず参加しますので、この先よろしくお願いします。はっきり言って、だれよりも強く願っている自信があります。その分、学びとるものが多い自信もあります」

なかには岩田和彦のように、ちょっとした興味からガイダンスに参加して、関心が一気に高まった生徒もいる。

「自然に興味があったので試しに聞きに来たのですが、ガイダンスを聞いてみて、ものすごく行ってみたいなあと思いました。内心、自分が積極的に動くことができるかどうか不安ですが、この機会にそこを鍛えてみたいです。また、現在ぼくは勉強をする意味がいまいち明確にわからないので、このコースに行ってこれを少しでも見つけられたらなあと思います」

渡辺真実は、中学生のときのニュージーランドでの体験(1)をさらに深めたいという思いをもっていた。

「先生や先輩の話を聞いているうちに、イバンの森のイメージがどばーっと広がってドキドキしました。自分に何ができるのかはわからない。というより、たくさんありすぎて、圧倒されてしまっている、そんな感じです。一回きりの人生、きっとこの学校に来れたのも何かの運命だから、この旅には絶対参加したいと思いました。中学二年生のときにニュージーランドに行ったけど、そのときは少しのカルチャーショックでおじけづいてしまったという苦い思い出があるので、成長したいです。今度は自分を解き放って自然に飛び込んで、先住民族の人びとにぶつかっていって成長したい。

常に経験にこだわる私は、今までも何かといろいろやってきたつもりです。しかし、今回の旅は最大の経験になると思うので、行くとなったら気合を入れてがんばりたい。自分っていうものを『素』にして、人間と地球を実感したいです」

♪熱い思いを伝える選抜テスト

ガイダンスが終わると、選抜テストの準備が始まる。サラワク修学旅行の定員は毎年、二〇名前後となっている。応募者は三〇〜六〇人ぐらいだ。

選抜方法は、二〇〇〇年度までは「このコースを選んだ動機や学んでみたい内容」を六〇〇字程度の小論文にまとめて提出する方法をとっていた。だが、この方法では生徒の関心や意欲を把握するのがむずかしい。というのは、生徒は自宅で小論文を作成するから、資料を使ったりほかの人の助けを借りて書けるからだ。また、文章力のある生徒はコースへの関心がさほど高くなくても、小論文をうまくまとめてしまう。

こうした問題を解決するきっかけとなる一つのできごとがあった。それは、二〇〇〇年の旅行でロングハウスからクチンに戻った夕食の席のことだ。選抜方法についての話題になり、一人の生徒がこう発言した。

「この旅行にすごく関心があった人が選考にもれた。小論文を書いて提出するやり方では、その人の意欲や関心がわからない。テスト形式にして、その場で書かせたら、その人のことがよくわかる」

居合わせた生徒たちも、同じような意見をもっていた。

そこで、〇一年からはテストを実施して、教科で学習できる力だけでなく、自分の意見を主張したり表現できる力なども含めた幅広い視点で選抜することにした。まず、ガイダンスで、選抜テストの準備をするために五つの課題が出される。

①　サラワク修学旅行の何に関心をもっているか。どうして参加しようと思ったか。何を学びたいか。

②　日本とサラワク（マレーシア）には、どのような関係があるか。

③　イバンの人たちに日本の文化や生活を理解してもらうために、私たちは何をしたらよいか。

④　帰国後の日本の生活に、体験をどのように生かそうと思うか。

⑤　サラワクでの国際交流体験と平和との関係について、どのような考えをもっているか。

また、サラワクやイバンについて学習するために、参考文献やホームページも紹介する。

選抜テストまでの一カ月間、生徒は課題について準備する。参加の意欲が高ければ高いほど、準備が真剣になる。正月休みも返上して学習に明け暮れる生徒もいる。参加したいという思いが、学習意欲をかき立てる。

ガイダンスから約一カ月後に二時間かけて行われる選抜テストでは、生徒の目的意識、意欲、表現力、コミュニケーション力を見るために、「文章記述」「表現」「コミュニケーション」の三つのテストを行う。

文章記述では、事前に出された課題のなかから二つについて、それぞれ六〇〇字程度で答えるように要求される。

〇二年度の記述問題の一つを紹介しよう。

「なぜ私のこころはサラワクにひかれるか、というテーマで、あなたの思いを六〇〇字程度で書きなさい。ただし、一行目には、あなたが一番伝えたいことを三つのキーワードで表現しなさい」

この問いに対して、小川光平は「喜び」「価値観が崩れる」「未体験」のキーワードをあげて、こう答えた。

「ぼくの心がサラワクにひかれた最初のきっかけは、『サラワクに行った人の中に愚痴を言う人が全然いなかった』という先輩の言葉だ。それを聞いたとき、北海道コースと決めていたぼくの心がぐらつき始めた。そして、ガイダンスで昨年サラワクへ行ったほかの先輩たちの話を聞いたとき、もうサラワクしかないと思った。話を聞いたり資料を見たりしていると、サラワク修学旅行は決して楽なコースではない。だけど、行った人に後悔はなく、喜びに満ちている。

　これはなぜなのかと考えたとき、サラワクには日本にいる限り体験できない素晴らしいことがあるにちがいないと思った。その中に、価値観が崩れるということも含まれるだろう。現に、先輩の体験談にもそのことが書いてあった。ぼくは、今の自分の価値観が好きになれない。すぐ優劣で物事を見てしまう、しかも自分勝手な基準で。そうとはわかっているものの、自分は正しいと思ってしまう。日本にいる限り、この価値観は崩しにくいだろう。だから、ぼくはイバンの文化に接して未体験なことを体験し、まだ味わったことのないショックで自分の価値観を崩したい」

　表現では、日常生活のある場面を絵で表現したり、文字と絵を使った自己アピールが求められる。

　コミュニケーションでは、ガイダンスのときに「Personal Information Data」が配布され、生徒はそこにある質問に英語で答える。面接では、それに基づいて英語で質疑応答が行われる。シートには、このような質問もある。

「Think about Sarawak. What are some of the problems you might face when you are there? Give two examples by drawing, in detail, two different situations.(サラワクに行ったとき、あなたはどのような問題に遭遇すると思いますか。二つの状況を絵で詳しく描きなさい)」

　一一〇ページのイラストは、ある生徒の回答例だ。これは、ジャングルの中で道に迷ったり

Situation 1

Situation 2

ヘビに出くわして困っている様子を表している。

このように、一人ひとりがサラワクへの「熱い思い」をぶつけてくる。テストの評価には、学校の教員だけでなく、荒川純太郎さんや共生さんも加わる。

そして、三月に行われる一回目の事前学習にやって来る生徒たちは、長い準備期間をくぐり抜けてきた充実感と自信を感じさせる。

選抜テストは本来、選抜を目的として始まったのだが、実は生徒の意欲を高めるために大きな働きをしている。修学旅行の成果があがるかどうかは、一人ひとりの生徒の意欲や関心にかかっている。だから、参加が決定する前に意欲を高めておくことがとても重要なのだ。

（1）広島工業大学附属中学校では、二年生のときにニュージーランド・オークランド市にあるパサディナ中学校と交換留学を行っている。毎年五月に約二週間の日程でパサディナ中学校から留学生を約二〇名受け入れ、本校生徒は七月下旬から約二週間パサディナ中学校を訪問する。生徒たちは、お互いの家庭にホームステイをしながら、それぞれの中学校に通学する。

3　交流を深める

♪新聞の発行でつながりが増す

事前学習には、生徒にとって初めて知る内容が多い。だから、ワークショップのような参加型の学習形態をとっていても、生徒の学びが受動的になりやすい。

それを打破してくれるのが、生徒自身の手で発行される新聞だ。生徒は毎回、ミーティングのまとめや各係からの連絡事項、スタッフや生徒へのインタビューなどを記事にする。その日に学んだ内容を生徒自身の言葉で表現し、気づきを共有することによって、学びが深まる。そして、自分たちの思いを文字とイラストを使って書き表していくことによって、生徒間のつながりが深まっていく。第一号の新聞は、次のような書き出しで始まった（「プロジェクトＷＡ」という題名の意味については、新聞の中で説明している）。

「Salamat tengah hari（こんにちは）。このプリントこそが、皆さんの気分を魅惑のサラワクへと誘う通信、その名も『プロジェクトＷＡ』です。これからミーティングのたびに一枚ずつ配っ

題名について☆　担当　渡辺真実

ここで皆さんに、この謎の通信名の秘密を教えちゃいます!

<プロジェクト⇒計画を立てる>…マレーシアにむけての計画や心構えを確立しよう!!

<WA⇒①'和'…「和」といえば日本人。そう、マレーシアへ旅立つにあたり、日本人としての自覚をもちたいねー、という思いをこめたものです。

②'輪'…メンバー全員での輪を大切に、絆をつくろう。

③「わっ!!」…(笑)ちょっと無理矢理なんだけど、「わっ」という驚きの体験を積極的にしよう!!

④『World Approach』>

そして、辞書で偶然発見したこの言葉!つまり、「世界への入口」「世界に近づく道」「世界に届く方法」という意味です。なかなか良い言葉でしょ?この通信と共に少しでも、このworld Approachを見つけられたらいいな。と思います!!

ていき、みんなのことを知ってもらったり、前回のミーティングの内容を思い出してもらったりするのが、この通信の目的です。この通信を通して、メンバーの仲がもっとも～っと深まってくれるとすごくうれしい。新聞係のメンバー八人、気合を入れて書いていこうと思います」

♪日本を紹介する方法を考える

日本の文化をよく知ることによって、イバンの文化の理解が深まる。イバンの人たちも、日本の文化を知りたいと思っている。生徒たちが日本の文化をどう伝えるかは、交流の成果に大きな影響を与える。そこで、ぼくの日本紹介への思いを生徒に伝える。

「生徒はいつもロングハウスで多くのことを学んで帰ってきます。でも、イバンの人た

表2　事前学習のプログラム——交流を深める

項　目	内　　容	目　　的	形　態
自分を紹介	紙を四等分して、「名前とイバンネーム」「自己アピール」「サラワク修学旅行をとおして学びたいこと」「サラワク修学旅行で不安なこと」を書き、お互いに発表し合う	サラワク修学旅行に対する一人ひとりの思いを表現し、共有することによって、生徒間のコミュニケーションを図る	ワークショップ
旅行の運営	修学旅行の成果が、生徒の参加、協力、リーダーシップにかかっていることを理解する そして、旅行運営のために必要な役割を分担し、各活動を行う	一人ひとりが役割を担って、サラワク修学旅行の運営に積極的にかかわる	話合い 係活動
旅行の準備	修学旅行のスケジュールと活動内容、ロングハウスでの基本的な生活習慣、持ち物、健康・安全面での留意点と管理方法について学習する	旅行のスケジュール・活動内容について理解する 安全、健康面の基本事項を理解し、自己管理能力、危機管理能力、協力態勢を強化する	話合い
新聞でコミュニケーション	112・113ページ参照	ミーティングの記録や気づき、係の活動内容や連絡事項、メッセージを記事にすることで、学びを深化させ、生徒間のつながりを深める	新聞発行
日本を紹介する	113〜117ページ参照	イバンの人たちへの日本紹介を考えることによって、自分の文化に対する理解を深める イバンの人にとっても生徒にとっても学びがあるような交流方法を考える	話合い 練習

ちは何を学んでいるのでしょう。ぼくは、イバンの人たちにとっても学びの多い交流にしたい。そのために、日本紹介はとても大きな意味をもっています」

それから、ロングハウスで発表する日本紹介の内容について話合いが始まる。まず、三〜四人のグループに分かれて、紹介方法を考える。イバンの人に日本について知ってほしい、そして喜んでもらいたい。その思いで、生徒はいろいろなアイディアを出していく。

①遊び——紙風船、剣玉、長縄[1]、かごめかごめ、こま、竹馬、相撲、竹とんぼ、折り紙、凧(たこ)揚げ、警泥[2]、達磨(だるま)さんがころんだ

②食べもの——手巻き寿司、お好み焼き、納豆、味噌汁、日本酒、豆腐、梅干、鍋物

③伝統——下駄(げた)、着物、浴衣(ゆかた)

④現代——携帯電話、ゲーム、制服、漫画、アニメキャラクター

⑤その他——写真で、伝統と日常を紹介する、音楽・歌（ハモネプ[3]、演歌）、日本の有名人を紹介する、英語劇で日常生活を表す、「よさこいソーラン」を踊る

この後、全員で話し合い、三つを選んだ。

①よさこいソーラン（踊り）

②島唄、風になりたい、Believe（合唱）

③お好み焼き（料理）

それから準備が始まった。なかでも生徒がとくに力を注いだのが、よさこいソーランだ。こ

練習の甲斐あって本番は大成功

の踊りを知っている同級生に振り付けの指導をしてもらい、昼休みや放課後を使って、のべ一五回近くの練習を重ねた。ぼくは、生徒たちが何度も何度も手拍子と掛け声で精一杯踊っているのを見て感動した。踊りが出てくるテレビ番組「三年B組金八先生」のビデオを持ってきて、みんなを指導する生徒もいたし、配置や動きだけでなく、指先の角度についてまで厳しい指摘が飛び交っていた。熱心に踊ったために、膝が痛くなった生徒もいたぐらいだ。ぼくはというと、踊りが完成に近づくなか、生徒とともに、よさこいソーランのテープとはっぴ探しに奔走していた。

生徒がよさこいソーランを選んだのは、前年度の生徒が踊った「ソーラン節」がイバンの人たちに人気があったという単純な理由だった。ところが、イバンの人たちに見てもらいたいという思いで練習を重ねるうちに、みんながそろって踊ること自体がおもしろくなり、のめり込んでいったようだ。

お好み焼きづくりについては、材料や道具をどうやってそろえるかから話し合う。最初は「関西風」でやる計画だったが、鉄板やもやしを手に入れることがむずかしいので、「広島風」に変更された。

（1）五メートルぐらいのロープを使って、集団でする縄跳び。多いときは四〇人程度で跳ぶ。

（2）「警察チーム」と「泥棒チーム」に分かれ、警察チームが目隠しをして三〇から五〇を数える間に泥棒チームが逃げ、警察チームが捕まえる遊び。一般的には泥警というが、広島では警泥。

（3）二〇〇〇年ごろから、テレビ番組を通じて日本全国に広まった。一般的に、楽器を使わず人の声だけで、ボーカルやドラムなどのパーカッションを表現する。

4　サラワクと出会う

♪マンガを使ってサラワク入門

マレーシアとサラワクについての学習は、ラット[1]のマンガを使ったワークショップから始まった。荒川共生さんが、四つのグループにラットの六コママンガを一つずつ渡し、マンガのタイトルとマンガが何を表しているかを考えるように指示する。一〇分ぐらい話し合った後に、各グループの代表者が発表し、続いて荒川さんがそれぞれのマンガの意味を説明した[2]。

①The Numbers Game（宝くじ）

華人が、宝くじ（トトと呼ばれるナンバース）に当たるように神頼みをしている。それを見たマレー人がいたずらで、木にでたらめな数字を書いた。すると、それが大当たり。華人は高級車を買い、マレー人が驚いている。イスラムの教えにより、マレー人には賭けごとが禁止されているのだ。

②The Fasting Month（断食月）

イスラム教の断食月には、日中は飲食や喫煙が禁止されている。日没後から日出前までは、食事をとってもよい。六歳の子どもが初めて断食をしたとき、お腹が空いてふらふらになる。日没が近づき食事を待ちかまえていたが、いざ時間になると、喉がすごく渇いていたのでミルクシロップを飲みすぎ、ご飯が食べられなくなってしまった。

③ Durian Time（ドリアン）

マレーシアの人はドリアンが大好きだ。ドリアンの季節になると、ほかの人に盗まれないように、朝暗いうちに庭の木から落ちたドリアンを拾いにいく。朝食には新鮮なドリアン、昼食にはご飯にカレーやドリアンソースをつけて、おやつにはドリアンのお粥、夕食にはドリアンとココナッツミルクで炊いたご飯を食べる。こうしてドリアンを食べすぎて体温が上がり、夜眠れなくなった。

④ In an Indian Restaurant（インド・レストラン）

親子がインドレストランで「全部ね」と合図したところ、店員は、バナナの葉に全種類のカレーとおかずを載せた。そこまではよかったが、ご飯も店にあるだけ盛ってしまった。

こうしたマンガを出発点にして、マレーシアがマレー人、華人、インド人、その他の少数民族からなる多民族国家であり、それぞれの民族が異なる宗教、言語、習慣をもっているという話に発展していく。マレーシアには西暦による新年だけでなく、イスラム暦や中国暦による新年があり、サラワク州ではさらに先住民族ごとの新年があるということも学んだ[3]。

THE NUMBERS GAME

THE FASTING MONTH

by courtesy of Lat

DURIAN TIME

In an Indian Restaurant

by courtesy of Lat

表3　事前学習のプログラム――サラワクと出会う

項　目	内　容	目　的	形　態
サラワク入門	118〜121ページ参照	マレーシアとサラワクの文化・社会の特徴を理解する	ワークショップ、説明
イバン文化入門	123〜126ページ参照	イバンの文化とロングハウスの生活の特徴を理解する	説明
イバン語会話	アジアボランティアセンターが発行している『イバン語入門』を使用して、基礎的な会話について学習する	イバン語の基礎知識を習得し、言葉の背景にあるイバン文化を理解する イバン語でコミュニケーションを図る意欲を高める	説明 演習
熱帯雨林の探検〜ワークショップ「熱帯雨林探検隊」〜	126〜128ページ参照	具体的なモノをとおして熱帯雨林の生活への関心を高める 森と共に暮らす人びとの知恵に学ぶ	ワークショップ スライド 写真
熱帯雨林と私たち〜ワークショップ「生活の中の熱帯」〜	128〜133ページ参照	私たちの身のまわりに、熱帯地方からのモノがたくさんあることに気づく 熱帯は距離的には遠いが、モノのつながりから見れば身近であることを知る 森とともに暮らす人びとにとって、森が不可欠なものであることに気づく。	ワークショップ 説明
国際協力について〜ワークショップ「つながりを見つけよう」〜	134〜137ページ参照	いま世界で起こっているできごとや問題がすべてつながっていて、相互に影響を及ぼし合っていることを理解する 一人ひとりが社会を変える力をもっていることに気づく	ワークショップ

♪言葉をとおしてイバン文化を学ぶ④

イバンの文化と社会についての学習を担当したのは荒川純太郎さんだ。まずはイバン語の挨拶から。

「イバン語で『ありがとう』は『テリマ・カセ（Terima kasi）』と言います。この言葉は、『テリマ』と『カセ』の二つの語から成っています。『テリマ』は『受け取る、いただく』という意味で、『カセ』は『親切、恩恵、慈悲、憐れみ、愛』の意味です。だから、『ありがとう』は、『私はあなたから恵みや愛をいただきました』という意味になります。

これに対する応答の言葉『どういたしまして』は、『サマ・サマ（Sama sama）』です。『サマ』は『同じ』という意味で、『私も同じですよ。あなたから恵みや愛をいただいたのですから』という意味になります。ですから、私たちの修学旅行も深い意味で、対等（サマ・サマ）の関係が生み出されるものでありたいですね」

イバンの人たちと三年三カ月生活した経験をもつ純太郎さんは、イバン語をとおしてイバンの文化や社会について話す。そして、ゴトン・ロヨングと呼ばれるロングハウスでの相互扶助・助け合いの文化にふれる。

「ロングハウスに暮らしているイバンの人たちは、焼き畑、米作り、収穫作業などで互いに協力し合っています。狩猟で獲ってきたものは独り占めしません。みんなで分かち合います。

また、突然の来訪者にも無料で食事や宿泊を提供する習慣があります。イバンの人たちの生活の根底には、『Sharing is living. Living is sharing』(分かち合うことは生きること、生きることは分かち合うこと)という考え方があるのです」

次に純太郎さんがあげたのは、「イコ(iko)」という言葉だ。

「イバン語の『イコ』は『尻尾』を意味し、鳥、ヘビ、サル、魚などすべての生きものを数えるときに使います。日本語で言えば『匹』ですね。ところが、おもしろいことに、イバン社会では、この『イコ』を人間を数えるときにも使います。豚二匹と人間二人の数え方は、同じ『ドゥア・イコ(dua iko)』なのです。これは、人間も動物もみんな仲間という考え方からきています。

政府は一九七二年に、人間をほかの動物と同じように数えるのは人間の尊厳を損なうとでもいうのか、人間を数えるときは『体』を意味する『トゥボ(tuboh)』を用いるようにとの通達を出しました。しかし、イバンの人は現在も、『イコ』を人間にも動物にも使っています。ロングハウスでの生活にふれると、人間は生きとし生けるものすべてと共存している様子がよくわかりますよ」

純太郎さんは、自然と共存するライフスタイルについての話を続ける。そして、パク(わらび)採りの話になった。

「ある日、イバンの人たちと森へパクを採りにいきました。ところが、彼らは少しだけ採ると、あたりにまだいっぱいあるのに、採るのをやめてしまいます。私は、『せっかくここまで来て、時間も十分ある。まだたくさん生えているのに、ここでやめるのはもったいない。もっと採って帰ろう』と言ったけど、聞き入れられず、すぐ帰路につきました。

イバンの人にとっては、その日食べるのに必要な分だけ採れば十分なのです。電気が入り、[5]ロングハウスにも冷蔵庫を備えた家庭が増えていますが、中に入っているのは煮沸した水ぐらいです。ほかの食べものは入っていません。ここにも、必要なとき必要な量を採りに出かけ、いつも新鮮な食材を手に入れて生きていく、というイバンの人の考え方が表れていると思います」

さらに、熱帯雨林の保護を訴えるために日本にやって来たイバンの人の話も出た。森林破壊についてどう考えるかという質問に対する答えを紹介したのだ。

「あなたたちの生活でスーパーマーケットがなくなったら、生きていけないでしょう。森には食べもの、薬、家具や日用品の材料などあらゆるものがあり、私たちにとってまさにスーパーマーケットなのです。それがある日、突然ブルドーザーで破壊されたら、そこに住む人たちの自然と共存する生活はどうなると思いますか」

「荒川さんに『テリマ・カセ』と『サマ・サマ』という言葉の説明をしていただいて、言語について初めて興味をもちました。私はどうも英語が苦手です。実は新しく習うイバン語も、覚えること・しゃべることに自信がもてずにいました。そして『言葉が通じなくても、気持ちは通じるから！』なんて思っていました。でも、気持ちを伝える手段である言葉の意味を説明してい

表4　ワークショップ「熱帯雨林探検隊」で使われた品物と生徒の答え

品物(素材)	生徒の答え
竹筒に入った食用・燃料用油	歯磨き粉、ローソク
ゴムの木の実	食料
子どもの遊び道具(豆科の種)	楽器
ロングハウスの屋根・柱などの材料(鉄木)	ロングハウスの一部
イヤリング(真鍮製でかなり重い)	ピアス、魔除け
コショウの実	コショウ
投網を編む道具	服を織る道具
揚げ菓子をつくる道具(真鍮製)	わからない
虫よけの草(コショウの花茎)	虫よけ、火種
荷物をくくる紐(木の皮)	帯
ボールペンケース(ビーズ)	鉛筆を入れる飾り
稲刈りの道具	動物を調理するとき毛を刈る道具
狩猟用の吹き矢	爪楊枝、耳かき
ビンロウヤシの実を割る道具	鳥の首を落とす道具、儀式で使う道具
ビンロウ噛みのための石灰の入れ物	わからない
巨大なアリの標本	アリ
アジア太平洋戦争時の軍票	紙幣

(注) 鉄木はボルネオ島やスマトラ島の低地多雨林にのみ生育するボルネオテツボク。

ただいたことにより、言葉の大切さに気づきました。私も感謝の気持ちを込めて『テリマ・カセ』と言ってみたいです」(岩田美緒)

♪実物に触れて感じる熱帯雨林の生活

この日は熱帯雨林の生活について学習する。荒川共生さんがイバンの籠を示しながら語る。

「きょうは、グループごとに探検隊になってサラワクの森に行き、いろいろなものを採集して帰ってきたつもりになってください。今から皆さんに実物を配ります。触ってもいいし、匂いをかいでもいいので、それが何なのか、イメージを豊かにして予想しましょう。あとで研究発表会をします。

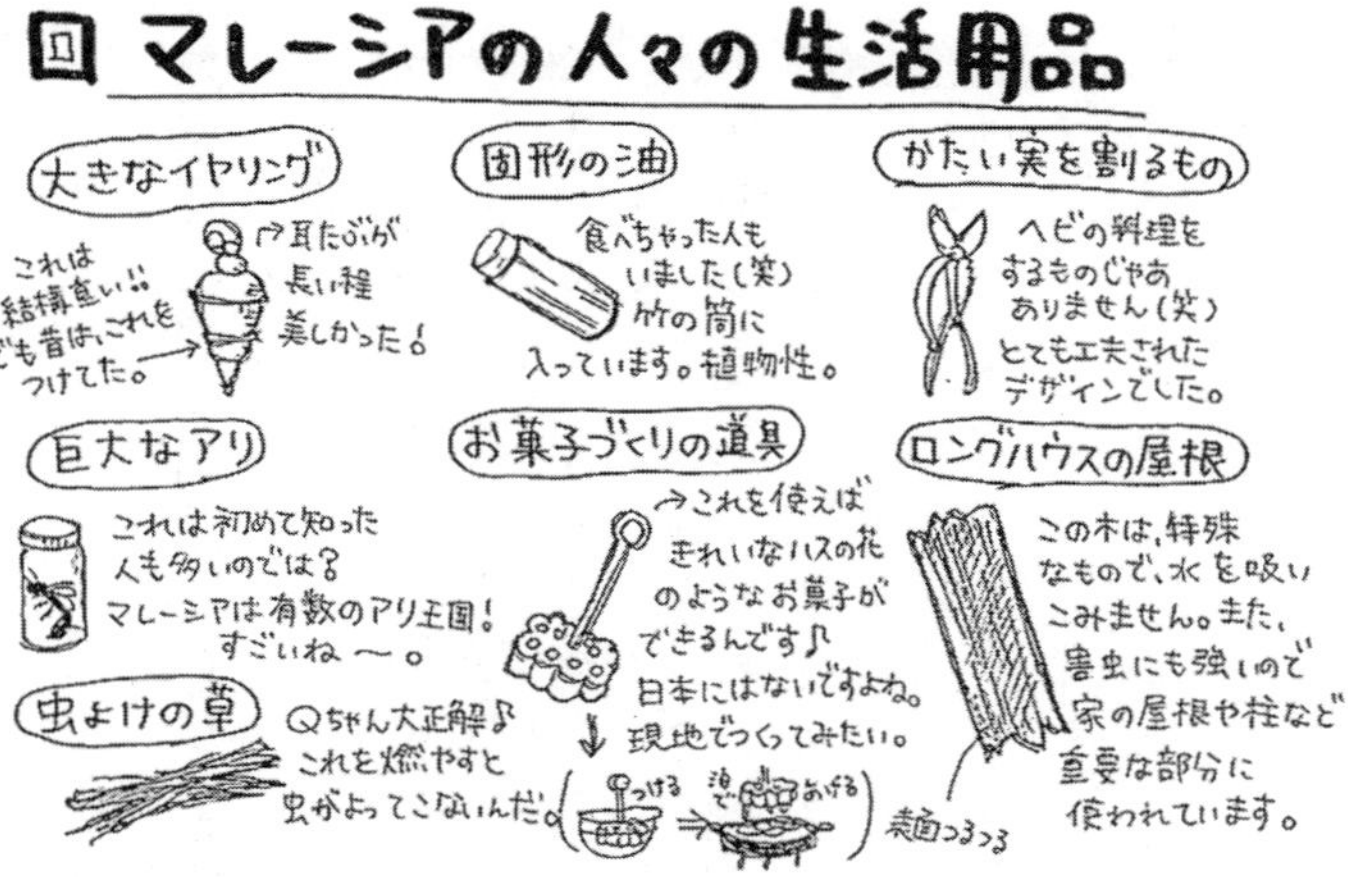
図 マレーシアの人々の生活用品
大きなイヤリング
これは結構重い!! でも昔はこれをつけてた。
耳たぶが長い程美しかった!
固形の油
食べちゃった人もいました(笑)
竹の筒に入っています。植物性。
かたい実を割るもの
ヘビの料理をするものじゃありません(笑)
とても工夫されたデザインでした。
巨大なアリ
これは初めて知った人も多いのでは?
マレーシアは有数のアリ王国! すごいね〜。
お菓子づくりの道具
これを使えばきれいなハスの花のようなお菓子ができるんです♪
日本にはないですよね。
現地でつくってみたい。
つける
あげる
ロングハウスの屋根
この木は、特殊なもので、水を吸いこみません。また、害虫にも強いので家の屋根や柱など重要な部分に使われています。
表面つるつる
虫よけの草
Qちゃん大正解♪
これを燃やすと虫がよってこないんだ。

そこで、グループが到達した結論を発表してください」

共生さんは籠の中から品物を取り出して、生徒に配っていく(表4)。すべて共生さんがサラワクから持ち帰ったものだ。各グループが受け取った品物は三つずつ。生徒にとっては、初めて見るものばかりだ。一つ一つ眺めたり、触ったり、匂いをかいだりしながら、何なのかを話し合う。なかには、なめて味を確かめる生徒もいる。でも、何に使うのかまったく検討がつかない品物もある。

一〇分ぐらい話し合ってから、各グループの代表者がそれぞれの品物について発表。最後に、共生さんが実際の用途や素材について説明すると、教室は驚きや笑いに包まれた。

共生さんは一つ一つの品物を説明すると同時に、写真やスライドも見せながら、森とともに暮らすサラワクの人びとの生活を紹介していく。実物を使い、実際に触れることによって、実物のもつ迫力を実感し、想像が広がる。生徒は理屈抜きに、熱帯雨林の生活に入っていった。上のイラストは、このワークショップ後に生徒が描いたものだ。

♪熱帯雨林と私たちの深いつながりを知る⑥

熱帯雨林の生活を少し理解した生徒たちは、次のワークショップ「生活の中の熱帯」をとおして熱帯雨林と自分たちの生活とのつながりについて考える。荒川共生さんが、九一個の物品が書かれたリストを配った(表5)。

「このなかから、『ふだん生活していくときにどうしても必要だ、これがないと不便だ』と思うものを個人的に一〇個選んでください」

生徒が苦労しながら、何とか一〇個を選び終えると、次の指示が出る。

「各グループで話し合って、『生活するうえで必要・不可欠』と思うもの六個にしぼってください」

生徒によって必要と感じるものが違うから、各グループでにぎやかな議論が行われる。一五分ぐらい経過したころ、各グループが選んだものを黒板に書くように指示された。

生徒は、自分たちとほかのグループを比べて、共通しているもの、違うものを見つけていく。そして、共生さんが問いかける。

「生活するうえで不可欠なものとして、このなかにエネルギー源はありますか？　食料はあ

表5　91の物品リスト

トイレットペーパー	紙おむつ	紙
雑誌	新聞	カラーボックス
家具	スキー板	サーフボード
黒板	コタツのテーブル	マージャン台
卓球台	ビリヤード台	パチンコ台
羽子板	学校の机	学校のいす
スケッチ板	オルガン	ピアノ
ギター	フローリングの床	高級家具
割りばし	仏壇	位牌
炭	石けん	ポテトチップス
シャンプー	シェービングクリーム	マーガリン
リンス	インスタントラーメン	洗たく用洗剤
化粧品	ロウソク	アイスクリーム
口紅	座薬	カプセル入りの錠剤
カーワックス	マニキュア	ペンキ
レコード	ニス	セロテープ
マジックインキ	チョコボール	イチゴのかき氷
カニかまぼこ	あんパン	ワックス
コショウ	タイヤ	輪ゴム
砂糖	バナナ	シナモン
ナツメグ	コーヒー	チョコレート
ココア	紅茶	マラリアの薬
白血病の薬	観葉植物	のり
うるし	ガンの薬	香水
籐家具	線香	ふすま紙
バニラ	チューインガム	マリファナ
麻酔薬	鎮痛剤	熱帯魚
脱臭剤	都市ガス	アルミ
石炭	缶詰	酸素
鉄	石油	ハンバーガー
エビ		

各グループが選んだもの。酸素と石けんは共通していた

りますか？　生命を保つものはありますか？」

すると、必要と思っていたものが意外と必要ではないことに気づいたりする。

続いて、共生さんが尋ねる。

「この九一の品目すべてに共通しているものがあります。何でしょう」

これだけ多様なものに、どのような共通点があるのだろう。

生徒が不思議に思っていると、「原材料リスト」（一三二・一三三ページ表6）が配られる。それを見た生徒たちに衝撃が走る。すべてが「熱帯雨林から来ているもの」「熱帯雨林を開拓したプランテーションから来ているもの」であると知ったからだ。

さらに、共生さんはスライドを使って、ラワンの木と伐採作業、合板工場、ゴムやカカオの木、アブラヤシ・プランテーションの造成とパーム油、河川などについて説明する。それは、日本人の消費生活が熱帯雨林や先住民族の生活にどのような影響を与えているかに発展していく。

このワークショップによって生徒は、熱帯雨林は距離的には離れているが、モノをとおして見ると非常に身近な存在であること、自分たちの生活を支えているものがたくさん熱帯雨林から来ていることを知る。もちろん、森に暮らす先住民族にとっても、生きていくために欠かせない存在であることを理解した。

「荒川共生さんから『生きるために必要なもの』を六つ選ぶように言われました。物品リストにあるのはどれも大切なものばかり……。まさかと思ったら、やっぱりすべてサラワクからの原材料をもとにつくられたものでした！　日ごろ、私たちはどれだけこの国にお世話になっているのか、考えたこともなかったです。これを見てさらに、マレーシアが貴重ですばらしい国なんだと実感しました。

しかし今、世界はこの命あふれる地をどんどん破壊の道に追い込んでいます。その問題に大きくかかわっているのが日本。日本人として、今の私たちに課せられた責任はとても大きいと思います。だから、見て見ぬふりをするのではなく『考える』ことが必要だと思います。直接的な行動は何もできない私たちだけど、いつも心にとめておく。それだけで、何かを変える力になるかもしれません。そう思いたいです」(渡辺真実)

原材料リスト

種別	物品名	原材料
天然資源	マラリアの薬	キナ(キニーネ)
	白血病の薬	蔓日日草[4]
	観葉植物	サトイモ科、ヤシ科、クワ科の植物など
	のり	キャッサバ（タピオカ）
	うるし	ビルマうるし
	ガンの薬	アカネ科の蔓性植物
	香水	ココナッツオイル、イランイランの花、ジャスミンなど
	籐家具	ヤシ科の植物
	線香	ジンコウ[5]、ビャクダン、香木
	ふすま紙	マニラ麻
	バニラ	ラン科の植物の種子
	チューインガム	サポジラ[6](チクル)
	マリファナ	大麻
	麻酔薬、鎮痛剤	モルヒネ(ケシ科の植物)
	熱帯魚	熱帯に住む魚
	脱臭剤	ヤシ殻（活性炭）
	都市ガス	天然ガス
	アルミ	ボーキサイト
	石炭	石炭
	缶詰	錫
	酸素	酸素
	鉄	鉄鉱石
	石油	原油
その他	ハンバーガー	牛肉(大規模牧場)
	エビ	養殖エビ(マングローブ)

(1) おもにフタバガキ科の樹種(ラワン材)を2～3ミリの薄さに削り、繊維が垂直になるように重ね合わせ、接着剤で圧着してつくられる板材。
(2) フタバガキ科の樹種の果実から採れる植物性油脂。実は数年に1度しか実らない。
(3) アメリカネムノキにつくカイガラムシ(えんじむし)の分泌物。ラッカイン酸はラックを精製したもの。
(4) キョウチクトウ科の多年草。
(5) ジンチョウゲ科の香木。樹幹の損傷部にたまった樹脂が凝固した沈香を土中に埋めるなどして、樹脂のない部分を腐朽させて取り除き、薫香料にする。
(6) チューインガムの木。アカテツ科の常緑高木で、果実を食用とするほか、樹液からチューインガムの原料を採る。

表6　91の物品の

種別	物品名	原材料
木材	トイレットペーパー、紙おむつ、紙、雑誌、新聞	木材チップ、パルプ
	カラーボックス、家具、スキー板、サーフボード、黒板、コタツのテーブル、マージャン台、卓球台、ビリヤード台、パチンコ台、羽子板、学校の机、学校のいす、スケッチ板、オルガン、ピアノ、ギター	合板（ベニヤ板）(1)
	フローリングの床	ゴムの木など
	高級家具	紫壇、黒壇、マホガニーなど
	割りばし	フタバガキ科の木など
	仏壇、位牌	黒壇、ビャクダン
	炭	マングローブ
植物性油脂	石けん、ポテトチップス、シャンプー、シェービングクリーム、マーガリン、リンス、インスタントラーメン、洗たく用洗剤、化粧品、ロウソク、アイスクリーム	アブラヤシ（パーム油）
	口紅、座薬、カプセル入りの錠剤	テンカワン(2)
ラッカイン酸	カーワックス、マニキュア、ペンキ、レコード、ニス、セロテープ、マジックインキ、チョコボール、イチゴのかき氷、カニかまぼこ、あんパン、ワックス	ラック(3)
換金作物	コショウ	コショウ科の植物
	タイヤ、輪ゴム	天然ゴム
	砂糖	サトウキビ
	バナナ	バショウ科の植物
	シナモン	クスノキ科の植物
	ナツメグ	ニクズクの実
	コーヒー	コーヒー
	チョコレート、ココア	カカオ
	紅茶	茶

♪さまざまな問題は相互につながっている

図3　国境を超える世界の問題

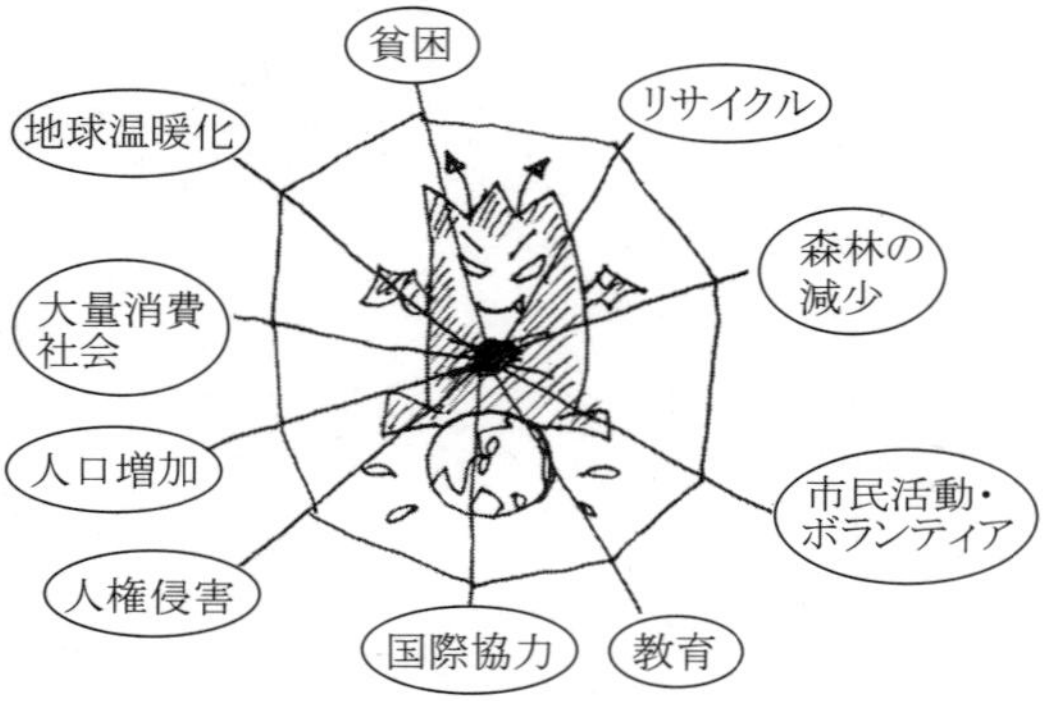

生徒はサラワク修学旅行でさまざまな問題を発見する。それを旅行後の生活や行動につなげるためには、事前学習の段階で、さまざまな問題がつながっていて相互に影響を及ぼし合っていること、そして一人ひとりが社会を変える力をもっていることに気づく必要がある。こうした目的で、ワークショップ「つながりを見つけよう[7]」が実施される。

生徒たちが二人一組で一〇個のグループをつくると、荒川共生さんが話し始めた。

「現在、地球上には、世界・国・地域・学校・家など、さまざまなレベルの課題が散在しています。これからそれぞれのグループに別々の課題を配るので、各グループは与えられた課題について、関連すること、つながりのあること、連想することなど、思いつくことを何でも書き出してください」

配られた一〇の課題は、次のとおりである(図3)。

人口増加、貧困、市民活動・ボランティア、大量消費社会、森林の減少、地球温暖化、人権侵害、教育、国際協力、リサイクル。

各グループはその一つを受け取り、それぞれの課題について、関連すること、つながりのあること、連想することを紙に書き出した。

人口増加を与えられたグループが書き出したのは、次のような内容である。

図4　受付役の紙(左)と交渉役の模造紙(右)

食料危機、南北問題、貧しさ、エネルギー消費の増大、教育の不足、人権侵害、労働問題、援助の必要性。

共生さんはしばらくすると、紙、模造紙、毛糸一束(全部で一〇色)を各グループに渡し、ゲームのねらいを話した。

「このゲームのねらいは、つながりを見つけることです。何のつながりかというと、自分たちの課題とほかのグループとのつながりです。相手と交渉しながら、できるだけたくさんのつながりを見つけることが目標です」

続いてゲームの進め方を説明し、いよいよゲームが開始される。

自分たちの課題と関連するグループに行って交渉する

各グループで、一人が「交渉役」、もう一人が「受付役」になった。受付役の生徒はその場から動かないで、自分のところにやって来るほかのグループの交渉役と交渉する。

人口増加のグループでは、受付役の生徒は胸に「人口増加」と書いた紙を貼った。交渉役の生徒は毛糸の先を受付役の体に結び、模造紙の一番上に「人口増加」と書き込んだ(図4)。

交渉役の生徒が模造紙と毛糸を持って、最初に向かったのは、「貧困」のグループだった。そこで、人口増加が貧困と関係していることを主張すると、貧困グループのほうも関係を認め、交渉が成立。交渉役の生徒は、模造紙に「貧困」と書き入れた。そして、毛糸を相手の体に回して、自分のグループへ戻る。

今度は毛糸を自分のグループの受付役の生徒の体に回し、次のグループとの交渉に向かう。

このようにして、それぞれのグループが、自分たちの課題と関係があると思うグループのところに行って交渉し、合意が成立すると、相手の体に毛糸を巻いていく。すると、毛糸はどんどん、くもの巣状になっていった。

交渉がほぼ終わったころ、共生さんがゲームの終了を宣言。受付役の生徒は全員いすに座り、交渉役の生徒は輪の外に出た。毛糸がくもの巣状になっているのがよくわかる。共生さんの指示で受付役の一人が毛糸を引っ張ると、毛糸全体が動く。生徒はそのとき、一つの課題が他の課題とつながっていることを体で実感した。そして、共生さんが生徒に問いかける。

「ワークショップをとおして気づいたこと、考えたこと、学んだことは、何ですか？
このくもの巣を現実の社会に置き換えたら、何を表していると思いますか？
自分は、このくもの巣のどこにいると思いますか？」

ワークショップが終了して、渡辺真実は気づきをこう表現している。

「世界中に存在するあらゆる問題は、互いに原因であったり、結果であったり、悪化させ合っていたり、間接的なつながりであったりしながら、すべてがつながっていました。それらはすべて人間がつくり出したものです。できあがったくもの巣を見て、真剣に考えなければならないと実感しました。私たちには抱え切れないほどたくさんの課題が、これからの世界には残されているけど、それらを解決できる力をもっているのも私たち。このことを忘れないでいようと思います。グローバルな視野で世界を見つめよう。私たち一人ひとりには、世界を変える力がある‼」

（1）マレーシアのマンガ家。本名モハマッド・ノール・カリッド。東南アジアのマンガ家のリーダー的存在であり、マレーシアの大衆生活を基底に社会の問題を風刺した作品を数多く発表している。

（2）参考教材＝Lat, *Lot's of Lat,* Berita Publishing SDN.BHD, 1997（The Fasting Month = p.32, Durian Time＝p.93, The Numbers Game＝p.106）. Lat, *Lat's Lot,* Berita Publishing SDN.BHD, 1977（In an Indian Restaurant＝p.7）. ワークショップを行うときは、タイトルとマンガの下の説明文は消している。

（3）参考教材＝荒川共生『サラワク・スタディーツアーのしおり』アジアボランティアセンター、一九九四年。

（4）参考教材＝荒川純太郎『アジアの地下水』新教出版社、一九八二年。荒川純太郎『アジアの種子』日本基督教団出版局、一九九〇年。

（5）ロングハウスの電化率は、サラワク全体ではまだ低い。一九九八年と九九年に訪問したルマ・レンガン村のロングハウスは電化されておらず、日が暮れてから夜一〇時ごろまで自家発電機を使った。ルマ・セリ村が電化されたのは九九年である。ただし、二〇〇〇年は、生徒が到着する直前に停電になり、しかも自家発電機も故障していたため、最初の二日間の夜は灯油ランプでの生活となった。

（6）参考教材＝荒川共生『ワークショップ生活の中の熱帯』アジアボランティアセンター、一九九四年。

（7）このワークショップは、毛糸（ウール）を使っていろいろな問題のつながりを考えるので「ウーリーシンキング」とも呼ぶ。

5　学びの多い修学旅行を成功させる秘訣

毎年、サラワク修学旅行の振り返りミーティング（第1章3）で、生徒たちは「来年の参加者へのアドバイス」を書く。スタッフも、いっそうの成果をあげるための方法について話し合う。こうした意見や話合いをもとに、生徒向けの一〇のヒントと教員向けの七つのポイントをまとめてみた。皆さんの修学旅行づくりに生かしていただければ幸いだ。

♪学びの多い修学旅行にするための一〇のヒント〔生徒向け〕

その一　行く前に現地の情報を集めよう！

修学旅行中に現地で見たり聞いたりすることをより正しく理解するためには、あらかじめ相手の生活や文化を知らなければならない。それは、訪問するための最低限のエチケットでもある。また、現地の言葉をなるべく多く知っておいたほうが、相手とより深く通じ合える。言葉があまりできなくても何とかなるが、できればできるほど現地での生活がよりいっそう楽しくなる。

その二　自分のテーマをもとう！

現地で自分が見たいこと、やってみたいこと、考えてみたいことを、前もって決めておく。修学旅行では、短期間にさまざまな異文化体験をする。それらをその場かぎりの感動に終わらせないためには、自分のテーマをもって参加することが大切。目的があると、旅行がより楽しくなる。

その三　仲間のなかの自分を育てよう！

個人旅行ではなくグループ旅行であることを意識し、仲間みんなとの交流を大切にしよう。仲間の一人ひとりがグループ全体に貢献できるように考え、行動することが、修学旅行を豊かにする。

その四　郷に入っては郷に従おう！

現地の生活でカルチャーショックを受けるときがあるが、相手の文化を可能なかぎり柔軟に受け入れることが大切。日本と比べて、あまり神経質にならない。多くの習慣は、慣れることによって、少しずつ受け入れられるようになる。最初の好き嫌いで判断してしまわない。

その五　何でも挑戦しよう！

異なる文化を理解するためには、何ごとにも積極的に参加して楽しむ気持ちが必要。知らないことでも、恥ずかしがらずにどんどんやってみる。そして、日本との違いを多く見つけ、外から自分たちの生活を見つめ直そう。

その六　あきらめずにコミュニケーションをとろう！

会話が少々できなくても、あまり気にしない。「そのうちわかるようになるさ」という大らかな気持ちが大切。辞書を片手にがんばったり、わからなければ尋ねたりすることが、会話の第一歩。何度も同じことを聞くのを恥ずかしがらない。自分から積極的に話しかけよう。また、食事をいっしょにつくるとか、何かの行動をいっしょにすると、コミュニケーションがスムーズにできる。

その七　メモをしっかりとろう！

見たこと、感じたこと、気づいたこと、疑問に思ったことなどを、その場でどんどんメモしよう。スケッチや写真も役に立つ。現場では印象に残っても、後からはなかなか思い出せないものだ。逆に、そのときはあまり気にとめなくても、後から大きな意味をもつ場合がある。

その八　自己管理を上手にしよう！

修学旅行中は自分の身体と精神をうまく調整することが大切。気持ちがハイテンションになりすぎないようにする。珍しいから、相手に勧められるからといって、食べすぎない。睡眠不足は体調不良の一大原因。体調を崩すと自分が困るだけでなく、まわりの人にも大きな迷惑をかける。出発前から、体調を整えよう。

その九　お互いに学ぶ姿勢をもとう！

自分が異文化を体験するだけではなく、相手も自分から何かを学べるような修学旅行にする。自分が行くことで、相手やそのコミュニティにどのような影響を与えているかを考えることが大切。

その一〇　体験したことをみんなに伝えよう！

体験は伝えることによって整理され、生活に根づく。伝えることによって新しい発見がある。伝えて初めて、体験の意味がわかる場合もある。修学旅行中も、だれかに伝える、表現するなど、アウトプットを意識しながら参加すると、ものの見方や考え方も、写真の撮り方も、変わってくる。

♪学びの多い修学旅行をつくるための七つのポイント〔教員向け〕

その一　現地の事情に詳しいリソースパーソンを探そう！

生徒が修学旅行で訪問先の文化や生活を理解するためには、その地域の人たちと心の通う交流をする必要がある。そのためには、現地の人たちやリーダーとかかわりをもち、現地の事情に詳しい協力団体やリソースパーソンの存在が重要になる。このような人たちと旅行の計画段階からともに考え、また旅行後の評価をともに行って初めて、生徒は本物の体験ができる。

その二　生徒が運営に主体的に参加できる環境をつくろう！

修学旅行の成果があがるかどうかは、旅行に対する生徒一人ひとりの意欲や関心にかかっている。そこで、事前学習が始まったときから、教員は生徒一人ひとりが「自分が旅行を運営している」という意識をもてるように援助し、意欲と関心を高める必要がある。

その三　生徒の学びを検証しよう！

修学旅行が終了したらただちに（あるいは旅行中に）、一つ一つの活動についてアンケートをとったりインタビューして、生徒の学び、気づき、意見、疑問点などを綿密に検証する。それに基づいて次年度の旅行の目的やプログラム、事前学習の内容を検討する。旅行プログラムが効果をあげるためには、生徒に何を学ばせたいかだけではなく、生徒が実際に何を学んでいるのかを知らなければならない。

その四　生徒同士の交流を促進しよう！

生徒と現地の人たちとの交流を円滑に行うために、まず生徒間の交流を深めよう。訪問する地域の文化、生活、社会についての事前学習も重要だが、それ以上に参加者同士のコミュニケーション能力を高めることが大切。これが現地でのコミュニケーションの基礎になる。

その五　生徒の訪問が現地に与える影響を考えよう！

修学旅行をとおして、生徒が現地の人たちの生活や文化から学ぶのと同じように、生徒も現地の人たちに、よくも悪くも影響を与えている。だから、生徒がもたらすものが現地のコミュニティにどのような影響を与えるのか、よく考えて行動する必要がある。

その六　計画を立てるときは欲張らない！

生徒に学んでほしいからといって、欲張ったスケジュールをつくってはいけない。まずは現地の人たちの生活や文化を知り、それから徐々に社会や歴史と、あくまで生徒の視点や歩みでプログラムを充実させていく。年数をかけて、ゆっくりと発展させていって初めて、効果的な修学旅行になる。

その七　教員が楽しめる修学旅行にしよう！

生徒が修学旅行の内容に興味をもつかどうかには、教員自身の興味や関心が大きく影響を与える。教員が現地の文化、生活、社会に関心をもち、それらを学びたいと思っていると、それが生徒に伝わり、生徒の学ぶ意欲が高まっていく。

第4章

感動を伝える

サラワク修学旅行から帰ってきた生徒たちは、貴重な体験をまわりの人たちに伝えようとする。思わぬ偏見にぶつかって、うまく伝わらないときもある。だが、生徒たちは伝えるために悩み、伝えることによって振り返り、新たに発見する。体験を伝えながら、学びを深めていくのだ。

1　事後学習のプログラム

サラワクから戻ってきた生徒たちを待っているのは、事後学習だ。それは、生徒が旅行の体験をその後の生活につなげるうえで、大きな役割を果たしている。

修学旅行期間中、生徒は身体全体を使って体験する。しかし、体験を振り返って整理する機会がないと、感動や発見の嵐が過ぎ去り、日常生活に戻ったとき、せっかく生まれた新しい気持ちや発想が十分に育たない。体験からの学びを生活に活かすためには、体験をとおして感じたことや考えたことを、自分の言葉にして第三者に伝える作業が必要となる。

事後学習も、修学旅行のコースによって内容や時間数が異なる。サラワクコースの場合は、八つの学習活動に分けて進められる。表7に、その活動の内容、目的、形態を整理した。このなかには、中学校での授業、文化祭での発表、体験記づくりなど全員が参加する活動と、希望者を募って実施する活動がある。この章では、おもな活動を取り上げて説明していこう。

表7　事後学習のプログラム

項目	内容	目的	形態
ワークショップに参加	148〜158ページ参照	アブラヤシ･プランテーションの開発をめぐるロールプレイを体験し、複雑なアブラヤシ経済について学ぶ 熱帯雨林や先住民族の生活環境を損なわない開発のあり方を考える	ワークショップ
修学旅行の体験を発表	各コースの生活を体験した生徒が、それぞれの土地での「人･自然･社会のつながり」を発表する	体験の共有によって一人ひとりの学びを発展させる 持続可能な社会をつくるために行動する意欲を高める	発表
中学生に授業	159〜168ページ参照	サラワク修学旅行についての授業をすることによって、体験を振り返り、学びを整理する	授業
文化祭で発表	写真パネルやロングハウスの模型づくり、民芸品･楽器･サロンの展示、イバンダンスの上演、報告集とサラワクの菓子の販売、SCSへの募金活動など	自分たちの体験を多くの人に伝え、イバンの文化・生活についての理解を深める イバンの人たちの生活向上のために、自分たちにできることを考える	展示 模擬店
高校生と交流	168〜173ページ参照	サラワクと異なるアジアの生活を知り、アジア認識を深める 自分たちの体験に対するNGO関係者の質問や意見をとおして、学びを深める	発表 質疑応答 意見交換
研究会で発表	173〜177ページ参照	サラワクでの学びを国際協力の分野で実践・研究している人たちに伝え、質問や意見を受けることで、学びを発展させる	発表 質疑応答 意見交換
体験記をつくる	177〜181ページ参照	体験を記事にして外部に発信し、学びを整理して深める 専門の編集者の指導を受け、本づくりの楽しさや苦労を知る	記事執筆 編集作業
ホームページをつくる	各コースの修学旅行に参加した生徒がホームページを作成し、旅行の内容や現地の生活・文化、体験から学んだことを広く人びとに伝える	自分たちが体験し、気づいたことをまとめ、お互いに共有して、学びを深める／参加した生徒同士が修学旅行をとおして考えたこと、その後の生活で考えたことについて、ホームページ上でディスカッションする	ホームページ 作成作業

2　ワークショップに参加

♪ロールプレイ〜パーム油から世界が見える

サラワク修学旅行から戻って約一カ月が経ったころ、学校に開発教育協会[1]のリレーキャラバンがやってきた[2]。生徒が参加したのはワークショップ「パーム油から世界が見える」で、ファシリテーター[3]は開発教育協会のボランティア加藤京子さんだ。

開発教育は、開発をめぐるさまざまな問題を理解し、望ましい開発のあり方を考え、共に生きられる公正な地球社会づくりに参加することをめざす教育活動である。知識の伝達よりも問題の解決を重視し、何よりも自らの気づきを大切にする。

まず、生徒は六人一組の四つのグループをつくった。各グループに、マーガリン、アイスクリーム、ポテトチップス、インスタントラーメン、石けんなどの箱や袋が渡される。サラワク修学旅行に参加した生徒は、これらにパーム油が使われていることはすでに知っていたが、実際にアブラヤシ・プランテーションを見た直後だけに、商品を手に取ると実感がわく。

続いて加藤さんは、各グループに「アブラヤシ・プランテーション開発計画の地図」と「ロールプレイカード」(表8)を配布した。ロールプレイは、自分とは違う立場の人物になり代わって考え、議論する学習方法だ。[4] 役割上の立場、背景、意見などは、「役割シート」によって、あらかじめ決められている。そして、今回の授業で行うロールプレイ「アブラヤシ・プランテーション開発計画についての関係者会議」について説明する。

「サラワク州のA地区(約三〇〇〇ha)の森林に、政府と開発企業の話合いによって、新しくアブラヤシ・プランテーションを開発する計画がたてられました。この土地には、二つの先住民族の森が含まれています。きょう、この開発計画にかかわる人たちの話合いがもたれることになりました。会議の参加者は、マレーシア政府の役人スニルさん、プランテーション開発企業の幹部アナスさん、日本の洗剤メーカーの社員高山良美さん、A地区にある二つの村の村長ジャリさんとベートさん、環境保護NGOのスタッフ大島康子さんです。皆さんには、六人の参加者の一人になって会議に参加してもらいます。それぞれが自分のカードをよく読んで、役割を理解してください」

それぞれが自分の役割を理解したところで、いったんグループを離れる。同じ役割をしている者(スニルさん、アナスさん、高山さん、ジャリさん、ベートさん、大島さん)同士が集まって、自分の立場をどう主張するかを考えるのだ。

一〇分ぐらい経つと元のグループに戻り、会議が始まった。A地区の開発を行うか中止する

プレイカード

アナス　農園開発企業の幹部　男 43 歳

私たちは未開発の土地にアブラヤシ・プランテーションをつくり、パーム油を生産している企業です。アブラヤシの実は収穫してから 24 時間以内に加工しないと品質が落ちるので、**プランテーション内に加工工場が必要**です。利益を出すためには、**最低でも 3000 ha（5.5 km 四方）の土地が必要**ですが、そうした広い土地はマレーシア政府とサラワク州政府の協力のもとに取得してきました。サラワク州は台風の被害もでませんし、もっとプランテーションを増やせば利益が上がるはずです。現在、サラワク州政府とはさらに新しいプランテーション開発に向けて交渉中です。私たちはマレーシア経済にも、労働者にも、そして**世界の消費者にも貢献**しています。

ジャリ　先住民族の村の村長　男性 56 歳

私たちは、焼畑によって 1～2 年ごとに移動しながら作物を育て、森で狩猟しながら生活してきた。しかし、**村の生活は貧しく何百年も前とほとんど変わらない生活**をしている。町の人間と同じように、私たちもいい暮らしをしたいさ。プランテーション開発のために土地を売れば、**補償金**がたくさん入ってくるし、プランテーションでの仕事もできて定期的な収入も手に入ると企業の人は言っていた。そのお金でテレビや冷蔵庫も買えるし、子どもたちを町の高校や大学まで行かせられる。

土地の開発は必要だ。だから私たちは森の権利を開発企業に売るつもりだ。

大島康子　環境保護 NGO のスタッフ　女性 30 歳

日本ではパーム油を原料にした石けんや洗剤が「環境にやさしい」商品として売られています。しかし、サラワクでのパーム油生産は「環境にやさしい」とは言えません。なぜなら、アブラヤシ・プランテーションをつくるために**広い面積の熱帯雨林が一本残らず全て伐採されている**からです。この地にある作物ではなく、外から持ってこられたアブラヤシだけを大規模に栽培するプランテーションでは、熱帯雨林の宝である**生態系とともに、先住民族の伝統的な生活も破壊**されます。また、多くの国で使用が禁止されている除草剤が使用され、川も汚染されています。

私たちは、これ以上サラワク州でアブラヤシ・プランテーションを拡大すべきでないと思っています。すでに、**森の多くの生物が絶滅**してしまっているのです。

表8　ロール

スニル　マレーシア政府の役人　男性36歳

パーム油の生産は、わが国の輸出品目の第2位を占める重要な産業です。**アブラヤシ・プランテーションの面積が増えれば、それだけ多くの仕事が生まれ、外貨も稼げます。**わが国が一日でも早く日本やアメリカといった先進国の仲間入りをするためには、産業の発展が必要不可欠です。**パーム油は価格が安くて加工しやすく、供給が安定**しており、食用や工業用の原料として多くの国で広く利用されています。今後ともサラワク州などの森林の開発をよりいっそう推進する計画です。

先住民族の人たちにとってもプランテーションで働けるし、生活ももっと楽になります。

高山良美　洗剤メーカー勤務　女性29歳

わが社では、パーム油を原料にしてつくった洗剤を**「環境にやさしい」植物性洗剤**として売っています。天然原料ですから石油からつくる洗剤に比べて手にやさしく、洗ったときに出る排水が環境に与えるダメージも少ないと言われています。最近の消費者は「環境にやさしい」商品に関心が高いですから、わが社の洗剤のテレビコマーシャルでも「環境にやさしい」ことを大々的に宣伝しています。

日本の消費者はとても清潔好きなので洗剤を多く使いますし、環境保護の意識も高いですから、**植物性洗剤は人気**があります。そのため今後とも消費が増えると予測できるので、アブラヤシ・プランテーションを拡大してパーム油の生産を増やすことは、**マレーシアにとってもわが社にとっても利益**になると思います。

ベート　先住民族の村の村長　男性69歳

私たち先住民族はマレーシアという国ができる以前からこの森に先祖代々住んでいました。私たちは、焼畑によって作物を育て、森の動物や川の魚を捕まえて暮らしてきました。**森が私たちの生活を守ってくれている**のです。

ところが、サラワクの森が外からやってきた人々によって切られてしまいました。以前は日本へ輸出するために木材が伐採されていましたが、この頃はアブラヤシ・プランテーションがどんどん作られています。ほかの村には自分達の森を開発企業に売り払ってしまう人もいるけれど、森がなくなってしまったら今の生活ができなくなるので私は反対です。それに仮に森の権利を売って農園の労働者になっても、賃金は低いと聞いています。

とにかく私は**子どもや孫たちにこの森を残したい**のです。

(出典)『パーム油のはなし～「地球にやさしい」ってなんだろう～』開発教育協会、2002年。ただし、表記を一部変えた。

かを、グループごとに話し合う。一人ひとりの前には、自分の役割が書かれた名札が置かれている。スニルさんが司会し、高山さんが意見を記録する。生徒はそれぞれの役割になりきって、開発計画について話し合った。

三〇分経過したとき、会議の終了が告げられる。全員が集まって、各グループの記録係が話合いの様子や結論を報告した。二つのグループの報告を紹介しよう。

「先住民族の村長ベートさんから、今の暮らしを大切にしたいという意見がありました。『昔はゴムのプランテーションがあったが、ダメになり、アブラヤシに変わった。プランテーションは信用できない。プランテーションによってお金を得るのではなく、他の方法に切り替えていくべきだ』という意見です。

グループ全体の意見も、そうなりました。政府やメーカー側は最初、プランテーションをつくってパーム油を加工するのがよいと思っていましたが、森の文化を残すことでその国を成り立たせる方法を考える、森や土地は財産なのでむやみやたらに開発していくのはよくない、という意見になったのです。一方で、もう一人の村長ジャリさんからは、近代化をめざしてお金や生活の安定を必要としているという意見も出されました」

「ぼくたちのグループは、賛成派と反対派に分かれました。

賛成派は、政府や企業がプランテーションをつくることによってマレーシアの経済が安定し、先住民族も補償金が入って、もっと豊かな生活ができるようになると言っています。ジャりさんも、今の生活を抜け出して自分の子どもたちを学校にも行かせたいし、豊かな生活をしたい、と言いました。つまり、プランテーションをつくることによってマレーシア政府が独り立ちできるようになるというのが賛成派の意見です。

反対派からは、まずベートさんが、実際に払われている補償金の額はごくわずかで、もっと自分たちの伝統を大切にしていきたいと話しました。ＮＧＯ代表の大島さんの意見は、次のようなものです。『熱帯林は地球全体を支えているし、動物は絶滅したら戻ってこない。このままでは、地球は共倒れしてしまう。だから、違う方向でマレーシアを発展させる方法を考えるべきだ』」

加藤さんからロールプレイの感想を求められたとき、ジャリさん（賛成派の村長）を演じた岩田美緒は、この問題を解決する困難さを語った。

「ＮＧＯの大島さんの意見はもっともだが、ジャリさんの立場になったら、そんなことを考える余裕がなかった。自分が知らないことばかり言われても理解できないし、納得できない。どの立場にいても自分が大切になり、六人だけなのに意見がこんなに違った。相手の立場に立って考えたら違ってくると思うけど、なかなかそうは考えられない。もっと全体を知って、六人が全員の立場をしっかり理解したうえで話し合えば、全員が丸く収まるような案が出てくる可能性があるけど、今のように世界の流れがよくわからないまま、それぞれが自分の立場で個人の意見だけを押し付けているような話合いでは、うまくいかない」

♪熱帯雨林を破壊しないために何ができるかを考える

伐採された森、プランテーションの開発、アブラヤシの収穫、先住民族の森を守る闘い、プランテーションでの農薬散布と児童労働の様子（アブラヤシ・プランテーションでは、地面に落ちた果房から飛び散った実を拾い集める作業に小さな子どもが働かされている場合がある）を写真で見た後、次のワークショップに入るために加藤さんはこう話した。

「プランテーションの開発をめぐって、いろいろな立場があります。お互いの立場を理解したうえで、どうやっていくのかを考えていきたいです。開発を進めることがよいと思っている人もいるし、それを止めたいと思っている人もいます。何十年後かの地球を考えて、みんなが納得できる道、解決の糸口を探していきたい。それでは、これから配るワークシートに『熱帯雨林を必要以上に破壊しないためにできること』を考えて、書き込んでください」

早速、一人ひとりがワークシートに記入していく。個人・学校・国・世界の四つの単位で、それぞれについて一週間・一カ月・一年・一〇年・五〇年という五つの期限で、熱帯雨林を必要以上に破壊しないためにできることを書いた。

次に、グループごとに生徒がそれぞれの意見を持ち寄って話し合い、模造紙に表を作成した。生徒は、熱帯雨林問題を解決するためのユニークなアイディアを次々と出していく。

最後に、全部のグループの表を黒板に掲示して、みんなの考えを共有した。

ワークショップに参加した生徒は、アブラヤシをめぐる問題の複雑さを知ると同時に、解決への意欲を高めたようだ。このような感想を述べている。

「アブラヤシをめぐる問題は、けっこう複雑だと思った。熱帯雨林の保護はたしかに大切だけど、国としては発展のためにパーム油は必要だし、ぼくらも必要だ。また、先住民族同士でも、少しでも貧しい生活を楽にしたいという意見もあれば、森と暮らす生活のほうがよいと感じ、今の文化を大切にしようという意見もある。だから、この問題は環境保護の一言では片付けられない。そして、問題を解決するために個人でできることもあると感じたので、解決に向けてがんばっていこうと思った。本当の意味で地球にやさしいとはどういうことなのだろうと考えさせられた」(橋詰研志)

「今回はプランテーションを開発する企業の立場で考えました。私は将来NGO関連の仕事をしたいと思っていたので、企業側の立場でこんなに真剣に考えたのは初めてです。私個人の意見では、地球人として同じ過ちを繰り返さないためにも森林伐採には反対でしたが、賛成派の強い意見を知って正直少し揺らぎました。私はこれからもさまざまなことを考える人間でありたいし、答えを白と黒でしか決められない人にはなりたくない。国際問題について考えていくうえで、きょう感じた別の視野も考慮して、柔軟な考え方で生きていきたいと思いました」(渡辺真美)

表9は、四つのグループから出されたおもな意見を一覧にしたものである。

破壊しないためにできること

10年以内	50年以内
スタディーツアーや青年海外協力隊に参加して、1度は現地に行ってみる 勉強し、伝える 熱帯雨林に関する知識を増やして考え、教え、広める 植林をする 世界の自然とかかわる機会を増やす サラワク修学旅行を引率する イバンに留学する	まわりに訴え続ける 自給自足の生活をする 勉強し、伝える 熱帯雨林に関する知識を増やして考え、教え、広める 植林をする リサイクル精神を徹底させる
学問体系をつくる 学習指導要領に環境問題への取組みを盛り込む 自然とかかわる機会を増やす 今回のような機会を生徒全員に与えて、時間をゆっくりかけて考える 校庭を森にする	一つの学問として成立させる 植林をする 世界とつながりのある学校にする 毎年の積み重ねで署名を何万枚も集めて、企業に送る
法律をつくる 他国へ働きかける 特定の原材料に関税をかける 地球にやさしい技術を開発する リサイクル法をつくる 日本人の意識を変える エコ車を開発する 環境を破壊する物の代用品を開発する	お金を渡し続ける 学者を送り続ける 関係を続ける 新エネルギーの開発に予算を投入する 植林をする 国民の意識を高めていく 経済成長を望める主力製品を見つける エコ車を主流にする
京都議定書を批准する 具体的数値が設定されている議案を世界的に批准する 環境会議に子どもを参加させる 熱帯雨林を保護するルールを定め、熱帯林を保有する国には何らかの援助を行う 熱帯雨林や環境を破壊しないで開発できる方法や産業の研究をする 世界協賛の映画をつくる	世界的に植林をする 新エネルギーの開発に予算を投入する 南北格差を是正する マレーシアなどが自然を守りながら経済発展できるような持続可能な開発をする 燃料を転換する 原始時代に戻る 地球市民になる

表9　熱帯林を必要以上に

	1週間以内	1カ月以内	1年以内
個人	何ができるかを考える 多くの情報を集め､理解を深める 勉強し、伝える 行動を始める(きっかけ･理解) 油の使用量を減らす 紙を節約する、無駄使いしない リサイクルをする 公共設備を大切にする 小泉さんや多国籍企業に手紙を出す	できるかどうか考える 勉強し、伝える 食スタイルを変化させる ごみを減らす 日本と他国の関係を意識する	現地に行って、実態を自分で確認する 勉強し、伝える 熱帯雨林に関する知識を増やして考え、教え、広める 植林をする 日本と他国の関係を定着させる 庭にケナフを植える
学校	学級会を開く 他国の現状を調べて学習する 熱帯雨林について学習し、情報提供する 体験を伝える 学校でパネルディスカッションをする 紙を節約する リサイクルをする 募金する	現状を教える 話合いの場を増やす 食堂の皿を陶器にする 募金を集めて送る 資源のリサイクルをする	教科にする 熱帯雨林の諸知識を教える場をつくる 授業で山に行って自然とふれあう 途上国への修学旅行に参加する 少しでも自給自足にする 植林をする 授業でケナフを植える
国	現地へ飛ぶ 国会で話す CMで木の節約を呼びかける ごみ分別強化週間を実施する	現状を調査する 非営利組織と企業が協力する	3カ月おきに報告する 資金援助や技術提供をする NGOで植林などの予算を組む メディアによって正しい状況を伝える 国民に、省エネをするように呼びかける 熱帯雨林の破壊につながる商品の価格を上げる
世界	国際会議を開く 世界各地で同時に考える 砂漠に植林する 世界共通のニュースをつくる	同志をつのる	環境保護の方針を打ち出す 植林をして、自然破壊をしているところを止める インターネットで世界に発信し、コミュニケーションする なるべく木を使わないような具体的政策を世界規模で行う 木の伐採料金を設定する 熱帯雨林を世界遺産化する

（1）学校内外で取り組まれている開発教育の試みや経験を横につなぐことをおもな目的として、一九八二年に設立されたNGO（事務局は東京）。開発教育の全国研究集会、地域セミナー、入門講座などの開催、機関誌・ニュースレター、開発教育教材などの編集・発行をしている。

（2）開発教育協会が二〇〇二年に設立二〇周年を迎えたのを記念して、四カ月かけて実施した企画。キャラバン隊は全国の会員や開発教育の関係者・関係団体・学校など開発教育の拠点を訪問し、関係者との交流をはかった。

（3）人びとの集まる「学びの場」が効果的に展開するように、促進・介在（ファシリテーション）する人。ワークショップにおいては学習者の学びを促進する役割を担い、一方的な知識伝達ではなく対話に満ちた雰囲気のなかで、参加者が協力して調べたり互いの意見を交わしたりしながら学びを深めていくように援助する。

（4）教材キット『パーム油のはなし～「地球にやさしい」ってなんだろう？～』開発教育協会、二〇〇二年。ぼくは授業のなかで、「ひょうたん島問題～多文化共生をめざして～」（藤原孝章製作、二〇〇〇年）、「NEWマジカルバナナ」（グローバル市民基金「地球の木」製作、二〇〇三年）などのロールプレイを行っている。

3 中学生に授業し、思いを伝える

♪わかりやすい授業を工夫

サラワク修学旅行に参加した生徒は、「世界学」[1]（中学一年）と「グローバル・ラーニング」（中学三年）のクラスに分かれて、サラワクについての授業をする。一人または二人で一つのクラスを担当する。まず、担当教員から、授業づくりのポイントについての説明があった。[2]

資料1　授業づくりのポイント

〈授業のねらい〉

●世界学：中学一年生の東南アジア認識に、新鮮な現地の感覚を加える。

●グローバル・ラーニング：中学三年生が、自分たちの生活とアジアとの「つながり」を理解する手助けをする。

〈留意点〉

●授業のねらいを明確にし、それに対応した授業内容を考える。

●中学生が興味をもつように授業方法を工夫する。

準備は、授業案の作成から始まる。伝えたいことは山のようにあるが、中学生がサラワクを理解できるために、どのような方法で授業をしたらよいか、どのような教材を使ったよいかに悩み、何度も授業案を書き直す。そして、わかりやすくするために、さまざまな資料を用意し、体験を工夫した。一例をあげよう。

① 写真パネル、サラワクやロングハウスの地図、先住民族の名称や気温グラフを書いた掲示物、キーワードを書いた紙を作成する。

② イバンの生活や文化についてのクイズをつくる。

③ イバン米の試食やサロンの試着を行い、イバンダンスを体験する。

④ スナック菓子やシャンプーなどの商品を教室に持ち込んで、熱帯雨林から採れる原材料やパーム油が使われている製品を当てるクイズを考える。

授業の準備にかける生徒の情熱はすごい。授業がうまくいくかどうか心配だが、準備自体が楽しいと言う。自分たちの体験を中学生に伝えたいという思いが、授業を考える活力を生み出すのだ。

資料2　生徒がつくった授業案

<table>
<tr><td colspan="2">サラワク・スタディーツアー
中学3年・授業案</td><td>2組</td><td>名前　廣永智子</td></tr>
<tr><td colspan="4">ねらい
つながりを感じる(日本とイバン・命と命・自然と人・私たちと問題・人と人)</td></tr>
<tr><td>時間</td><td>内容</td><td colspan="2">教材／方法</td></tr>
<tr><td>10</td><td>ロングハウスの簡単な説明
クイズを答えさせ、解答しながら説明する
ルマ・セリ村の位置、サロン、ロングハウス、マンディ、トイレ
サロンを着る</td><td colspan="2">「驚き」の文字
「異文化体験クイズ」のプリント
パネル：ルマ・セリ村、ロングハウス、マンディ</td></tr>
<tr><td>10</td><td>食べ物
手で食べる、1日2食、たくさん食べさせてくれる
畑、果樹園、ジャングル、豚の解体(ショック、命の発見)
みんなで囲む食事の最高のニャマさアパイたちの優しさ
米の試食タイム</td><td colspan="2">パネル：市場の鶏、バナナ、籠、ジャングル、イモムシ、豚の解体
「命」の文字

ご飯を20人分カップで</td></tr>
<tr><td>5</td><td>小学校
通学手段、時間割、3つの言語、周りの環境、スコール</td><td colspan="2">小学校クイズのプリント
パネル：川、マングローブ、ボート、小学校、グランド</td></tr>
<tr><td>10</td><td>問題点
マンディの色、森林破壊、植林プランテーション、ゴミ問題、森はスーパーマーケット、日本とのつながり</td><td colspan="2">「問題」の文字
パネル：合板工場、茶色い川、ロングハウス</td></tr>
<tr><td>10</td><td>まとめ
a. イバンと私たちはつながっている
森林破壊など私たちとのつながりの中で変わっていく／イバンの人たちの生活への責任をもつ／行動しないと自分も世界も変わらない／問題の数≠答えの数／相手の立場になっての想像力
b. 原点を見て原点を知る
本当の豊かさをもらったんだと思う
多くのテリマカセ(ありがとう)
伝えることが行動の一つ</td><td colspan="2">
「つながり」の文字

「問題の数≠答えの数」の文字

「原点」の文字
「豊かさ」の文字
「テリマカセ」の文字</td></tr>
<tr><td>5</td><td>質疑応答</td><td colspan="2">「行動」の文字</td></tr>
</table>

9　夜、月の出ない間にとりに行く生き物は何でしょう。
①鳥　②カエル　③牛　④ブタ　〔　　〕

パーム油十合板

10　パーム油、合板、×（どちらでもない）のいずれかを〔　〕内に記入しましょう。

☆パーム油が使われているものを2つ書きましょう。
〔　　〕
〔　　〕

①壁〔　　〕
②窓〔　　〕
③机〔　　〕
④イス〔　　〕
⑤アイス〔　　〕
⑥マーガリン〔　　〕
⑦チロルチョコ〔　　〕
⑧スプーン〔　　〕
⑨服〔　　〕
⑩シューズ〔　　〕

11　労働者や環境問題等のことを考えた上で、あなたはパーム油が使われている商品をもっと買おうと思いますか？　買うまいと思いますか？
〔　　〕
それはどうしてですか？
〔　　〕

まとめ

12　これから、マレーシアとどのような関係を日本は持てればいいと思いますか？
〔　　〕

13　1人1人ができること、すればよいと思われることは？
〔　　〕

資料3　生徒がつくった授業用プリント

図1

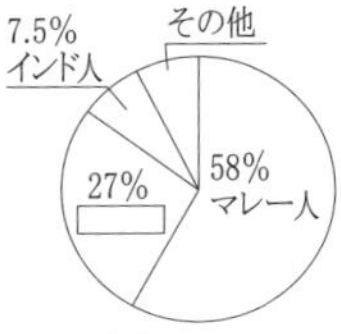

図2

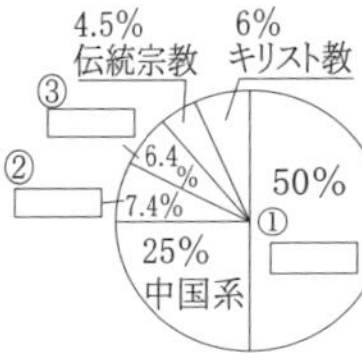

図3

マレーシア

1　マレーシアはどこでしょう（図1から2つ）〔　　　、　　〕

2　図2の□に当てはまるものを答えよ〔　　　　　　　　〕

3　図3の①～③の□に当てはまるものを次のA～Fより選べ（a：イスラム教、b：ヒンドゥー教、c：仏教）

	①	②	③		①	②	③		①	②	③
A	a	b	c	C	b	a	c	E	c	a	b
B	a	c	b	D	b	c	a	F	c	b	a

〔　　　〕

4　マレーシアの公用語は〔　　　語〕である。

サラワク・イバン

5　サラワクはどこでしょう（図1から1つ）

〔　　　〕

6　このロングハウスの長さは約何mでしょう

①10m　②50m　③100m　④1000m

〔　　　〕

7　イバンの人達の主食は米か麦か

〔　　　〕

8　このロングハウスで真夜中に起こったことは何でしょう（複数回答有☆）

①カラオケ大会 ②宴会 ③踊り 〔　　　〕

こうして、生徒は約二週間かけて担当教員と打合せしながら、授業のねらい・内容・教材／方法を指導案のプリントに記入し、準備を進めていく（資料2・3）。そして、最終指導案が作成されると、いよいよ授業のリハーサルが始まる。

♪苦労して体験を伝える

生徒にとって、体験を伝えることは想像していた以上にむずかしかったようだ。伝えたい内容はいっぱいあるが、どう伝えたらよいのかわかならない。授業では、中学生の真剣な眼差しを前にして、かなり緊張する。授業後は、「何を話したのかよく覚えていない」「言い落としたことがあった」「中学生にうまく伝わったかどうか心配」と言う。ここでは、二人の感想を紹介する。

「本当にむずかしかった。短い時間のなかで、自分たちがサラワクで経験してきたことをどのように伝えるか、すごく悩んだ。少しでも多くを伝えたいと思った。でも、自分の表現力ではすべてを伝えられない。それがすごく腹立たしくて、憤りを感じた。『何で言葉が出てこないのだろう？』『自分たちがしてきた体験は、そんなにつまらないものではなかったじゃないか』。うまく表現しようと思えば思うほど、うまく言葉が見つからなかった。

当日、今の自分のもっている精一杯の力で、本当に感じたことをありのままに伝えるしかないと思った。なぜなら、ぼくたちが経験してきたことは言葉で簡単に表現できるほど薄っぺらなものではないと思ったからだ。そう思うと、自然と言葉があふれ出てきた。結局、自分の気持ちが伝わったかどうかはわからない。でも、伝えようとする気持ちが大切だと思った」(中原康貴)

「教える立場を初めて体験して気づいたのは、自分の考えを伝えることのむずかしさです。自分のことを伝えるときに、どうしても自分と受け取る側に差が出てしまうので、なかなか教える側の思う通りにはならないものだと感じました。そんななかで、体験者として未体験者に伝えられることは何だろう、どうやったらうまく伝わるのだろうかという思いがわいてきました」(黒瀬裕司)

一方で、どの生徒も自分のスタイルで授業をやり終えたことに満足する。さらに、授業後に中学生の感想を見て、自分たちの思いが伝わったことを知り、喜ぶ。中学三年生はこんな感想を述べている。

「日本ではパックづめの肉や魚が簡単に手に入る。でも、イバンではその日自分が食べるものを自分でとりにいく。だから、命の重さもわかるし、大切さもわかるのだと思う。鍵がなくても大丈夫で、家族でなくても家族のように付き合えるのは、それぞれの心と心がつながっているからだと思った」(狭田(はさだ)佳代子(かよこ))

「マレーシアの印象が変わりました。電気製品などは街にしかないと思っていました。普通の家にテレビやコンポがあるというのはかなり意外でした。これまでマレーシアは日本とかかわり

がないと思っていたけど、マレーシアでとれる資源を使っていろいろな物がつくられていることも知りました」（河野佐織）

「とても明るい授業で、楽しかったです。内容もただ話をするのでなく、クイズ形式だったりダジャレが入っていたりして、飽きることなく授業に集中できました。また、自分の中にあったマレーシアのイメージが崩れました。今までは、すべての道路が土で、ビルもなく、みんな貧しい生活をしているのかと思っていました。しかし、それはまったくの嘘で、みんな楽しく愉快に生活していることがわかりました。世界に対する自分の視野が広がりました」（金本潔和）

「イバンでは人間が生き物として生きていると思った。ほかの生き物とつながりをもち、本当の命、命がなくなる瞬間と常に向き合って生活している。また、自然界に生きているので自分で自分を養っている。そして、人と人が本当に信頼しあっていると思う。それは互いに一生懸命生きているからだろう。そんなところに命を知らない人間が入り込み、木を切り倒し、ゴミを投げ捨て、自然を破壊し、イバンの人びとの生活を脅かしている。自分も無意識にその中に入っていると思うと、心苦しくなってくる」（土肥史江）

岩崎愛子は授業をすることによって、それまでの「学ぶ」立場から「伝え、教える」立場に方向転換できたと感じた。

「改めて思い返し、考えることがあった。現地にいるときは自然の大きさに感動していました。日本に帰ってきて、またその生活に慣れ、サラワクの自然を忘れかけていたので、今回の

資料４　中学１年生が書いた授業ノート

「高校２年生の授業」記録用紙	3組	3番	名前　渕辺藻琴

マレーキ島（マレーシア）の街並みは日本みたい。（きれい）
サラワクの"クチン"から"シブ"まで飛行機。

◦ロングハウスにホームステイ。
↓
住みやすい。

イベント　マンディ（mandi）→おフロのかわりに川に入る。（川が風呂。）

茶色い。
☆熱帯雨林を切りすぎて赤土が流れる←先進国。
◦洗たくしたりもする。

ご飯はおいしい

☆ココナッツ（印）の葉をにたりやいたり豚肉を入れたりetcetc。
☆お米は粒が小さい。
☆その日食べる分だけとってくる。（ためない。）
☆水は雨水を冷蔵庫で保かんする。
→食べ物の大切さを実感。〈家族いっしょ。〉→ルール。厳しい。

目標　☆すごく元気がいい。・はだし
心の豊かさ

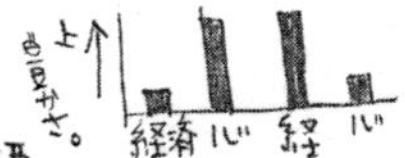

2020年までに先進国になる目標。

ロングハウス……27個べや。

話をきいていて、本当に感動したのだろうと思った。
きいていた私も感動した。
別れるとき、そんなに泣きあえることがびっくりした。私も体験してみたい。

授業はよい機会になりました。ロングハウスにいたときは、自分たちは学ぶばかりで、伝えることが少なかったように思います。教えることによって『伝える』意識が高まりました。日本では私たちが伝える番です。授業の前後で、『学ぶ』立場から『伝え、教える』立場への方向転換ができたと思います」

（1）広島工業大学附属中学校の社会科では、従来型（地理的分野、歴史的分野、公民的分野）とは違う、学際的な視点をもった新しい分野構成（世界学、日本学、現代学）が構築されている。
（2）授業の準備に関しては、生徒が授業するクラスを担当している教員が指導にあたる。

4 高校生と交流し、アジアを広く知る

二〇〇一年の九月「ひろしまNGO手づくりセミナー[1]」で「高校生によるアジア体験の分かち合い」という集まりがもたれた。発表したのは、サラワク修学旅行に参加した生徒とカンボジア・スタディーツアー[2]に参加した高校生だ。

サラワク修学旅行に参加した生徒は、旅行の概要やロングハウスの生活について報告した後、体験をとおして気づいたことを語った。山中睦(むつみ)のテーマは環境問題である。

「今回の旅行で、世界のあちこちで言われている環境問題にふれました。サラワクでは川が茶色く濁っています。私は最初、これはこの土地独特のもので、昔から濁っているものと思っていました。しかし、実際には、濁ったのは熱帯雨林の伐採によって土が川に流れ込んだためだったのです。森がなくなると狩りができなくなるし、川が濁れば魚が捕れなくなったり水が飲めなくなったりして、先住民族の生活に深刻な被害が出ています。

熱帯雨林伐採のもう一つの原因は、アブラヤシの大規模なプランテーションです。アブラヤシから採れるパーム油は、マーガリン、インスタントラーメン、お菓子、石けん、洗剤、化粧品など身近なものにたくさん使われ、多くの国に輸出されています。日本の輸入量は年間四〇万トンくらいです。アブラヤシの実は、木から切り離すとすぐに加水分解が始まり、劣化が進んでいくので、できるだけ早く加工する必要があります。だから、搾油工場をプランテーションの近くにつくる必要があります。しかも、採算をとるには、一つの工場に対して約三〇〇〇ヘクタールのプランテーションが必要だそうです。

アブラヤシ・プランテーションは当初、マレー半島で天然ゴムの市場価格が下がってゴム林が切られた跡にできました。その後、増加するパーム油の需要に追いつくため、サバ州とサラワク州でも植えられるようになりました。しかし、マレー半島と違って、熱帯雨林を切り開いて造成されるので、『伐採よりもひどい環境破壊』という人もいます。

パーム油からつくられる洗剤は植物性であるという理由で、日本では『地球にやさしい』という宣伝文句で売られています。でも、実際には、熱帯雨林を破壊して先住民族の生活を脅かすプランテーションからつくられているのです。この事実をたくさんの人に知ってもらいたい。多くの学校では、プランテーションという言葉だけを習っています。しかし、もっと深いところまで知り、パーム油が地球にやさしいという宣伝文句で本当に売られてよいのかを考えてほしいと思います」


竹越協（たけごしかのう）は豊かさについて語った。

「私が日本に帰ってきてイバンの写真を見せると、いろいろな人から『川がきたない』『物の質が悪そう』と言われました。ご飯の話をすると、『お腹をこわさなかった？』と言われます。それを聞いていて私は、日本人は物質の有無で豊かさを判断しているなと思いました。そして、イバンの生活をとおして、それは違うと思いました。日本では、家族間のつながりが薄いために少年犯罪や凶悪な犯罪があったり、家族でいっしょに住んでいても、ご飯をいっしょに食べなかったり話を全然しなかったりする。そういうのって、本当に豊かなのでしょうか。

イバンでは、部屋に家族以外の人がいても全然気にしません。私が部屋でくつろいでいたら、だれかが勝手に入ってきてガスコンロを使ったり、水を飲んで出ていったこともありました。子どもはロングハウスの住人みんなで育てるという考えがあり、子ども自身も、ほかの小さな子どもの面倒をよく見ます。また、日本では捨て猫が問題になっていて、きょうも学校で見かけたのですが、イバンには捨て猫はいません。廊下にぐたーっとだらけている猫の姿を見ていると、イバンは動物にとってすごくよい環境だと思いました。

そういう意味で、精神的な豊かさやゆとりを感じました。時間がゆっくり流れていて、時間に束縛されている感じがしません。

これまで日本が貧しいというような言い方をしてきましたが、実は日本を出たお陰で、日本にも豊かな精神があるということに気づきました。それは、広い視野をもって数十年先を見通す精神であり、余裕だと思います。イバンの人たちは先のことを考えないで、今の豊かさだけを求めている感じです。日本人は、目先だけでなくもっと先のことを考えていると思います。そういう視野は、先進国に住んでいるからこそもてるよい面でしょう。私は、精神的な豊かさと便利さとが共存できるように、マレーシアの社会を手助けしたいと思います」

カンボジア・スタディーツアーに参加したカトリック祇園教会の高校生は、地雷被害者のための職業訓練施設や貧しい村々を訪問して気づいたことを語った。

「貧しい村々を訪問すると、地雷で足を失った人が各家庭に一人はいました。働き盛りの人がけがをすると、女性に負担がかかるそうです。食事は一日一食か二食という貧しい子どもたちがたくさんいます。そのような貧しい子どもたちに、『日本人は金持ちだと聞いているけど、あなたたちは幸せですか？』と聞かれ、どう答えたらよいのかわからず、困ったことがありました。

　また、あるカンボジアの若者から、『あなたたちはどうしてこの国に来たのですか』という質問を受けたときがあります。私はとっさに『将来の進路を考えるためです』と答えると、『えっ、あなたたちは将来のことを考えるのですか。私たちは今のことだけを考えて生きています』という答えが返ってきて、すごいショックを受けました。

　カンボジアに行くまでは、地雷の被害で足を失ったり車椅子を使っている人たちを、かわいそうとばかり思っていました。でも、彼らは大変な生活のなかでたくましく生きています。そして、すごくあたたかい心をもっていました。内戦によって荒廃した国が、一日も早く豊かな国になることを望んでいます」

　双方の生徒にとって、相手の発表から学んだことは多い。カンボジアの生活を体験した生徒は、イバンの豊かな文化や自然に感銘を受けた。イバンの生活を体験した生徒は、文化や生活が破壊され、経済的に困難な状況におかれているカンボジアの現実に強い衝撃を受けた。アジアについて「わかった」つもりになっていた自分の狭い認識に気づき、視野をまた広げてくれる出会いだったといえる。参加した生徒はこの集まりについて、次のような感想を述べている。

　「同じアジアに行ったにもかかわらず、見てきたことにこんなにも違いがあることに驚き、同時にショックでした。そして、イバンは豊かなところだとあらためて思い、一日一日食べるのに困らない、雄大な自然に囲まれた暮らしがどんなによいのかを実感しました。また、マレーシアと比べても日本は無駄の多い国なのに、カンボジアの人びとが私たちの生活を知ったら、いったいどう感じるでしょうか。あらためて反省させられました。世界には、まだまだ余裕のない国がたくさんあります。先進国に生まれたからこそできる協力をしたいです。与えるという姿勢ではなく、いっしょに生活するなかでアジアの国々を育てていきたい。マレーシア以外の国にも興味がわいてきました」(竹越協)

（1）広島県内で国際協力・支援活動をしている団体・グループ・個人が情報の交換や活動の相互協力をめざしてつくった「ひろしまNGOネットワーク」が主催するセミナー。

（2）二〇〇一年にカトリック祇園教会の高校生会が実施し、地雷による障害をもった人の職業訓練校や貧しい農村を支援するプログラムなどを見学した。

5　研究会で発表し、体験を深める

「国際教育協力研究会」は、広島大学大学院国際協力研究科に設置されている研究会だ。国内における国際理解教育、開発途上国における国際協力（とくに教育協力）という二つの課題を理論・実践両面から包括的に議論することを主目的としている。参加者は、国際教育協力に関心がある現職教員、青年海外協力隊ＯＢ、大学院生、大学生などで、フィリピンやバングラデシュ、パプアニューギニアなど海外での活動経験が豊富な人も多い。生徒たちはこの研究会の例会で、サラワク修学旅行の発表をした。

まず、参加を希望した七名の生徒が、一カ月ぐらい前に発表内容の構成と役割分担について話合いをもつ。その結果、旅行の概要、ロングハウスの生活、サラワクと日本のつながり、イバンの人たちのあたたかさ、事前学習、事後学習という六つの内容について、写真も使って話すことになった。

発表当日、生徒たちは臆せず、自分の体験を自分の言葉で楽しそうに語った。それが参加者の高い評価を得る。生徒は話すことによって体験を見つめ直し、考えが発展していく。この日も、「ロングハウスのような環境を日本の生活のなかにもつくりたい」というような新鮮な発見が聞けた。

質疑応答の時間に入ると、参加者は感想を交えながら、生徒にいろいろな質問を投げかけた。まず、将来の進路について。

「将来、職業としてやりたいことは何ですか？　また、今後どんなことを考えていきたいと思っていますか？」

これに対して、花房育美が答えた。

「サラワクには自然が多かったです。日本と比べたら『小汚い』感じがするけれど、とても温かい。私は将来環境デザインの方向へ進みたいと思っていますが、とくに自分の身のまわりをデザインすることに興味があります。この道に進むときに、『小奇麗』なところをつくるのではなく、『小汚く』ても人間味のあるところをつくりたいです。家庭については、ロングハウスのように、家族だけでなく皆が仲よくできる環境をつくりたいと思います」

次の質問は、生徒たちが日本に帰ってきたときの逆カルチャーショックについてだ。

「サラワクから帰って受けた逆カルチャーショックに、みなさんはどういう対処をしていますか?」

これには関谷瑛一が少しユーモアを交えて答える。

「『ロングハウスだったら、こうだったのになあ』と思ったら、ホームステイ先のお父さんにもらった米を握りしめ、サラワクの心を思い出して、乗り切っています。米はまだ食べていません」

旅行後の行動についても質問があった。

「向こうの生活を知って、日本人として自分にできること、やるべきことが何かあると思いますか?」

今度は岩田美緒が答えた。

「地球規模の問題がたくさん出てきて、他国のことを知らないと何もできません。たとえば、人が集まって何かをする、一つのものをつくりあげようとするときは、まず自己紹介から始めると思います。相手を知ってから何かが生まれるのです。現在、もめている国が多いなかで、相手の国の人が何を考え、何をしているのかを知ることが、大切だと思います。私たちは実際に行くことで、それを知りました。次に、その国が何を考えているのか、知ったことだけでも伝えていくと、何かにつながっていくと思います」

質疑応答の時間が終わりに近づいたころ、参加していた大学生からこんな意見が出る。

「サラワクに行って、日本の悪いところが目についたのではないかと思う。しかし、私たちがやっていかなくてはいけないことには、悪いところを改善することと、よいところを伸ばしていくことの両方がある。発表者の一人が『修学旅行が、地球規模の問題を解決するきっかけを与えてくれてよかった。いろんな国のことを知るのは大事なことだ』と言われたが、この旅行ができるのも、こういう日本の環境に住んでいるからだ。日本はすばらしい国だと思う。また、小汚い、小奇麗ということを言っておられたが、衛生面でも日本にもよい面がある。日本のよいところにも目を向けてほしいと思う」

この意見に促されるように、それまでどちらかといえばサラワクのよさに目がいっていた生徒が、日本のよさについて語り始めた。

「ぼくが今まで日本のよいところだと思っていたところは、豊かということです。たしかに物はいっぱいあるし、世界で一、二位を争う技術の先進国になっています。でも、サラワクに行って、それが本当に日本のよいところなのかをすごく考えさせられました。今までよいと思っていたことを考えさせられる経験だったと思います。そして、日本のよいところだと気づいたのは平和です。これには改めて感動しました。ただ、平和すぎて気づいていないこともあります。日本のよいところだから、それをずっと大切にしていけばいいというだけではなくて、よいところだからこそ裏に何かあるのではないかと考えることも大切だと思いました」（関谷瑛一）

この研究会で生徒たちは、参加者の意見や質問に励まされたり考えさせられたりしながら、自分たちの体験をさらに深められた。それに生徒たちは満足していた。ぼくにとっても、学ぶうえで問いかけがいかに大切かを、あらためて思い知らされた体験である。

6　オリジナルな体験記をつくる

サラワク修学旅行から帰ってきて約一カ月が経った日の放課後、七名の報告集編集委員が編集・企画会社グリーンブリーズの高林真澄（たかばやしますみ）さんを学校に迎え、一回目の編集会議を開く。席上、高林さんは前年度の報告集を示しながら、生徒に尋ねた。

資料5　報告集の企画書

〔原稿名〕	〔ページ数〕		
表紙	…1ページ	イバン語講座	…2ページ
ルマ・セリMAP	…2ページ	思い出日記	…24ページ
はじめに	…1ページ	一人一人のイバン	…43ページ
目次	…1ページ	OGのメッセージ	…5ページ
みんなの思い出の記録（カラー写真）	…2ページ	イバンまるわかり	…44ページ
		事後学習について	…2ページ
参加者名簿	…2ページ	保護者の感想	…3ページ
マレーシア周辺地図	…2ページ	スタッフの感想	…2ページ
読者用事前学習	…4ページ	振り返りミーティング	…7ページ
事前学習について	…6ページ	編集後記	…1ページ

「これが昨年の報告集『イバンの村に入って』です。とてもよくできています。これと同じようにつくれば、比較的簡単です。みなさんは去年と同じような報告集をつくりたいですか。それとも、仕事は大変になるけど、自分たちのアイディアでオリジナルなものをつくりたいですか」

話合いの結果、オリジナルな報告集をつくることになった。会議に先立って、旅行に参加した生徒は、夏休み中に家で個々のレポートを書き終えている。二日間におよんだ会議では、提出ずみのレポートの構成、残りの原稿の執筆分担について話し合われ、企画書が作成された。

それから約二週間かけて、担当者がパソコンで文章を書き、ページごとに写真やイラストをつけていく。なかでも、原稿を作成し終わってから版下（はんした）をつくり、束見本（つかみほん）を完成させるまでは、丸四日間をかけた大作業となった。それぞれの記事を校正し、写真やイラストをつけて

手づくりの本がもうすぐできあがる

レイアウトするのは、実に根気のいる仕事だ。版下がほぼ完成するころ、報告集のタイトルについて話し合った。決定までに数時間も議論し、最終的に選ばれたのが「はだし」である。

表紙の絵と題字については、三人の生徒が翌日までに作品を持ってくることになった。明け方までかかって絵を書いた女子生徒もいたそうだ。はだしのイメージを足型で表現することを思いついた男子生徒は、深夜まで作業していた。物音に気づいた母親が部屋をのぞくと、床には足型のついた半紙が大量に散らばっていたという。彼は足の裏一面に墨を塗り、半紙に足型をつけようとしていたのだ。

翌日、生徒の努力の結晶である、完成した三枚の絵を並べて、編集委員が話し合う。その結果、一人の女子生徒の絵が表紙に、もう一人の女子生徒の絵が裏表紙に、そして男子生徒の足型が本

資料6　報告書の表紙

はだし
～第5回サラワク・スタディーツアー報告書～
はだしの足の裏で感じていた土や木の感触は、地球の上に
生きているということをもう一度私達に思い出させてくれた。
広島工業大学附属広島高等学校

扉と背表紙に採用されることになった。

原稿書き、写真選び、イラスト書き、校正、レイアウト。すべてが生徒にとっては初めての体験である。一冊の本をつくるのにこんなに多くの労力を必要とするとは、だれも想像もしていなかった。束見本を完成させるころには、生徒たちはかなり疲れていたが、その心は充実していた。原稿書きから本を完成させるまで、すべての工程を自分たちの力でやりとげたこの体験から学んだものは大きい。編集委員の一人・岩田和彦はこんな感想を述べている。

「参加メンバーのレポートが集まると、テスト明けの一〇月から編集作業です。ぼくは二一人分の文章校正を受け持ち、写真を選んだり、イラストを描いてもらったりしました。意外に時間がかかり、大変な作業なんだと感じましたが、ここでも新しい学びがありました。これもまた、この旅行に参加したからこそできたことです。でも、このような作業はサラワクまで行かなくても体験できそうなもの。どうして今まで経験しなかったのか、少し疑問に思いました」

第5章　生き方が変わった

サラワク修学旅行に参加した高校三年生や卒業生にとって、その体験にどんな意味があったのだろうか。今の生活にどんな影響を与えているのだろうか。そして、保護者は旅行をとおした子どもたちの変化をどう見ているのか。高校三年生や卒業生、保護者の思いを紹介したい。

1 進路へのさまざまな影響

♪広い視野で世界を考えるようになった

サラワク修学旅行の事後学習がすべて終了するころには、大学入試が一年後に迫っている。修学旅行によって生き方や考え方を大きく揺さぶられた生徒は、思い出に浸る暇もなく受験勉強に明け暮れる。そんな生活を見ていると、旅行からの学びは何だったのかと思うこともある。だが、あるとき、大学受験を数カ月後に控えた高校三年生に、「サラワク修学旅行はその後の勉強や生活にどう役立っていますか」「サラワク修学旅行は、進路にどんな影響を与えていますか」と質問をしたところ、思いがけない答えが返ってきた。[1]

「旅行から帰ってきても、なりたい職業は変わっていません。教師になりたいです。イバンと日本の子どもたちは大きく違っていました。どちらにもよいところと悪いところがありますが、私はイバンのいきいきした子どもたちが忘れられません。子どもたちといっしょにロングハウスの廊下を走り抜けたときに、自分自身が本当に心から楽しんでいるのがわかりました。環境や教育制度など違う面がたくさんあるけど、あのようにいっしょになって思いっきり走り回る時間が、今の日本の子どもたちにどれだけあるのだろう。

それまでは、生徒の悩みなどの相談相手になれる先生になりたいと思っていました。だけど、今は、日本だけでなく、もっと広い視野でたくさんの文化が学べるような教育をしたいと思っています」（久保亜沙美）

亜沙美はサラワク修学旅行の前から、中学・高校の国語教員を志望していた。ロングハウスで小学校を訪問したときも、先生たちに熱心に質問をしていた。イバンの文化を体験して、それまでもっていた価値観が揺さぶられ、視野が広がったという。そして、多様な文化が学べる教育をしたいと思うようになったそうだ。

「イバンから学んだことは計り知れない。人間の生活と自然環境とのかかわりからさまざまなことが見えてくる。文化も人間性も、その土地によって形成されるのは間違いない。昔から人間は自然と共に生きてきた。しかし、いつからか自然を道具とする人間の驕った考え方が増大し、共生の道を拒むようになった。

現在、地球上では、自然破壊、民族紛争、南北格差など国境を越えた多くの問題が起こっている。私は、これらの絡み合った糸の原点に、共生の欠如があることに気づいた。そして、イバンで得た視点を基礎に、人間と自然の共生について学びたいと思うようになった。地球もまた一つの生命体だから、自然と共に生きることは命を大切にすることにつながると思う。さらに、自然との共生の意識は、人と人の共生、すなわち違いを受け入れる人間の意識を育むのではないだろうか。

私のなかで、まだ答えは出ていない。しかし、イバンを一つのきっかけとして、今このような考え方をもてるようになったのを幸せに思う。私はイバンという異文化を理解することで、世界や日本に対する視野を広げられた。そして、芽生えた将来の夢、それは地理教諭になること。もっと多くの子どもたちに広い広い視野をもって世界を考えてほしいし、私も生涯学び続ける『子ども』でありたい。世界中の文化や、人間と自然の共生の歴史を教えるとともに、いつも私なりのメッセージを伝えたい。この気持ちは日々大きくなる」(渡辺真美)

真実がイバンの生活をとおして気づいたのは「共生の意識」であり、この欠如が世界の諸問題の根底にあると言う。さらに、この意識が命を大切にすることにつながり、人と人との共生、すなわちお互いの違いを受け入れる意識を育むと考えている。そして、イバンの体験をとおして、多くの子どもたちが広い視野で世界を考えて、共生の意識をもってほしいと願うようになった。

「私は教師になるのが夢で、できるならこの学校に戻ってきたいと思っています。もともと教師になりたいと思った理由は、自分が中学校で体験したことを今度は伝える側になりたいからです。この旅行の体験も、その思いを強く反映させたものでした。行く前と行った後で、大きく進路の変化があったわけではありません。自分の希望がさらに強くなりました。サラワクに行くことで、サラワクを知り、興味がもてるようになったので、大学に入ったらできるだけ世界にふれるようにしたいです。まず体験して、知ることができたらいいと思います。この旅行で行動することの意義がわかりました」（岩田美緒）

美緒も国語の教員を志望している。事前学習から事後学習にかけて、彼女はリーダーとして働き、人間関係や自分自身について多くを学んだ。生徒でありながら、意識のうえではスタッフの一員として旅行に参加したと思う。その彼女が、「将来この学校に戻ってきて、サラワク修学旅行の後を継ぎます」と言っている。この言葉からは、彼女の強い思いがうかがえる。

♪自分と世界がつながった

「いろいろな物を見たら、その物がどこから来たのか、どのようなところでつくられたのかを考えるようになりました。つながりを意識できるようになりました。人と人のつながりを意識し、他の国に対して前よりも違う視点で興味をもつようになったと同時に、自分の国・日本も意識するようになりました。日本をもっと生かしていけるようなことを今後自分の人生でやってみたいと思い、自分なりにできそうなことをやろうという気持ちで進路を選んでいます」（花房育美）

育美はルマ・セリ村で「ロングハウスを日本に持って帰りたい」と言った。自然と共に生き、たくさんの人たちと協力する生き方を、日本に住んでいる人びとに伝えたいと思ったからだ。そして、ロングハウスのように人がいつもふれあう関係を、街か家かマンションでつくりたいと考え、大学の建築デザイン学科で学ぶ準備をしている。

「自分のなかで何かが確かに変わった。どこがどう変わったのかはわからないけど、物事に対する接し方が前向きになったと思う。サラワクから帰った日に、親に『なんか大きくなった』って言われた。それは、人間として大きくなったということだ。前からもっていた『コンピューターに携わる仕事につきたい』という夢は、変わっていない。でも、ロングハウスでオーディオやテレビを見たとき、何か違和感を感じた。それは、自分が『イバンの村は大自然のなかにあって、電子機器なんかない』と勝手に思い込んでいたからかもしれない。そこで見た機械は、とても冷たく感じられた。だから、もっと人や自然にやさしい機械をつくりたい」(中原康貴)

康貴が希望している進路は電子関係だが、ロングハウスで機械を見たときに、その冷たさにハッと気づく。機械に対する意識や見方が変化したのだ。以前は、機械だけに関心が向いていたのが、今では機械を自然や人間の生活とのかかわりのなかに位置づけるようになっている。そして、自然や人間と機械の調和という新しいテーマが生まれた。この発見が具体的にどう展開するのかはまだわからないが、彼にとってこれからずっと追い求めるテーマになることは間違いない。

「視野が広くなったと思います。以前は世界情勢のニュースを見ていても、関心ないとか思っていたけれど、今はそうは思いません。これは、事前学習で『つながり』のワークショップ（第3章3）をしたお陰だと思います。もともと環境破壊を防ぐような仕事をしたいと考えていましたが、より一層そう考えるようになりました。それは、熱帯雨林のなかで実際に生活してみて、日本やアメリカなどの勝手な都合で、先住民族の人びとの生活が壊されるのは絶対にいけないと思ったからです」（小川光平）

光平はロングハウスで豚を解体したとき、「生態系に組み込まれた気がした」と言った。自然とつながり、自然に生かされていることを実感した瞬間だ。彼には以前から、環境問題に取り組みたいという意志があったが、環境そのものの実感はむずかしかった。熱帯雨林の生活の体験で、それが可能となったのだ。森と共に生きるイバンの人たちの立場で、環境破壊の問題を見たり考えたりできるようになったという。現在、生物地球環境学科をめざして勉強中だ。

♪自分のなかに核ができた

「今の自分の内面は、サラワク修学旅行の経験からできているものが多いと思います。この旅行に参加したお陰で、さまざまな体験ができました（テレビ局の見学、文章を書く、授業をする、いろいろな人との出会い、広島大学での体験、ＪＩＣＡのタイ研修[2]、新聞記者との出会いなど)。最近気づいたことですが、このサラワク修学旅行が一つのものさしになり、導いてくれています。

一年生のときは『国際関係に行こうかな、でも自信がないし』という感じでしたが、このような体験をとおして、自分のなかでやりたいことがはっきりしてきました。また、ロングハウスの人たちといっしょに暮らしたことで、大切なものをもらい、自分のなかに大切なものができました。いつも原点に帰らせてくれるような気がします。これがあるのとないのとでは天と地の差です」(廣永智子)

サラワク修学旅行の体験をとおして、自分のなかに「核」のような存在ができたと感じている生徒が多い。それを智子は、「ものさし」「原点」と表現している。彼女は旅行前から、自分を変えたいという強い思いをもっていた。だから、事前学習のときから意欲的に取り組み、イバン語も恐るべきスピードで学んだ。ロングハウスでは豚の解体で大きなカルチャーショックを受けたが、それにおじけることなく、帰国後はそこから学んだことをあらゆる機会をとおして伝えていった。それによって、自分の生き方に自信がもてるようになった。現在、国際関係の仕事をめざして勉強している。

「旅行での体験は身体の奥深くまで浸透して、あらゆることに役立っていると思います。サラワクに行って初めて感じたものも確かに多かったですが、すでに日本で考えていたことを改めて確信したというものもいくつかありました。ニュースなども、開発途上国に対して敏感になったような気がします。大学に二回行こうと心中ひそかに考えています。ぼくは小学校教師を志望していますが、サラワクに行って、自分が教師として果たしてどれだけのことができるのか疑問に感じました。まず社会を体験してから、もう一度教師をめざすかどうか考えてみたいと思います」（岩田和彦）

ある体験をとおして、ものごとの本質が理解できるようになる。サラワク修学旅行は、そのきっかけとなっている。和彦は旅行に行く前は、大学では教育学部に入って小学校の教師になろうと思っていたが、旅行をとおして社会を知る必要を感じた。それで、まず自分の興味のある工学部で学んでから社会で働き、それでも教師になりたいと思ったとき、もう一度教育学部に入って教師をめざそうと考えるようになったのだ。

「旅行によって、人間としてひとつ成長でき、それが今の生活にそのまま表れていると思います。ささいなことですが、サラワクで素晴らしい体験ができたというのが私のなかで誇りとなり、自信につながりました。自信をもつというのは私の将来にはとても重要なことなので、大きな強みができたと思います。あと、自分ではよくわからないのですが、小さなことで腹を立てなくなったと言われました。大きく構えられるようになったんでしょうか？

希望する進路は旅行前と後で変わっていませんし、マレーシアや国際関係の仕事ではありません。でも、旅行の前と後では確実に私自身が変わったと思います。私が希望する仕事では自分が重要になるので、これはとても大きな変化です。旅行によって一回り大きくなったことで、一回りも二回りも大きなものをつくることができるのではないかと思っています」(芦沢梨沙)

梨沙は舞台で働くことをめざしている。最初は、サラワク修学旅行に参加するつもりはなかった。サラワクの生活にはなじめないと思っていたからだ。ところが、「九・一一事件」の発生によって、希望していたアメリカコースがなくなるという事態が起こった。そのとき彼女は、今後自分から行くことは絶対にないサラワクへ行こうと考えた。それが自分を大きくしてくれると感じたからだ。本人が言うように、その成果は大きかった。イバンの子どもたちの自立した姿に感動し、刺激されて大きく成長したのだ。

「勉強に関してちょっと変化が起きたんじゃないかなって感じてます。今まではいい成績をとるために勉強するという考えをもっていたんですけど、ロングハウスに行って、勉強は自分の夢を叶えるためにするものだと感じました。たぶん、普通の修学旅行ではこんなことを感じないと思います。また、イバンの村の医療について学ぶことができ、一層薬学部に興味をもちました。イバンの人の『薬は森にすべてある』という言葉が、印象に残っています」(稲田淑江)

淑江は「何のために勉強するのか」がわかったと言う。医師も看護師もいないロングハウスで、人びとが森の中にある薬草や、畑にあるトマトやバナナの皮など身近にあるものを使って応急処置する姿に、感銘を受ける。それが、彼女の薬学への関心を高めた。

（１）この章の生徒や保護者の言葉は、旅行後に行ったアンケートなどから引用した。
（２）エッセイ「ロングハウスから見た世界」が、二〇〇二年度高校生エッセイコンテスト（ＪＩＣＡ主催）で準特選に選ばれ、その副賞としてタイ研修に参加した。

２　進学先や仕事で体験を活かす

♪日本の文化を再認識し、まちづくりへ取り入れる

稲葉真理子は、一九九八年に実施された初めてのサラワク修学旅行に参加した。この年に訪れたロングハウスはルマ・レンガン村だ。クチンからバスで四時間、さらにロングボートで六時間の長旅だった。水位が低くなり、船外機が使えなくなると、急流を遡るために村の男性二

速い流れに足をとられながらロングボートを押す

〜三人で懸命に漕いだ。それでも前に進まなくなると、男子生徒もいっしょに川に降り、足を踏ん張り、手に満身の力をこめて、ボートを押した。水位が高くなると、ボートをひっくり返さないように気をつけながら、素早く飛び乗る。それを何度も何度も繰り返し、やっとの思いでロングハウスにたどり着いた。

街から遠く離れたルマ・レンガン村には来客が少なく、なおさら外国からの訪問者は珍しい。だから、村の人たちは生徒の訪問を村をあげて歓待した。そこで真理子が出会ったのは、イバンの伝統的な文化だ。当時、旅行後の思いをこう述べている。

「私がすごく感動したのが伝統芸能だった。私と同じくらいの男の子が、剣をかたどった木を口にくわえ、耳にキャッサバの餅のイヤリングをかけ、目の下に白く線を引いて、私たちの目の前で踊ってくれた。私たちと同じくらいの男の子が、である。

私はふと、同年代の私たちに日本の何ができるだろうか、私は日本の何を受け継いでいるだろうか、と考えてしまった。ロングハウスには、親から子どもへとしっかり伝えられているものが存在する。それはたとえば、触ってはいけない木や食べられる植物の知識など、森を歩く知恵だったりする。そして、音楽や踊りであったりする。そこには、日本にあるような建前上の『ウケツガネバナラナイ』という堅苦しさはまったくなく、『受け継いでいきたい、伝えていきたい』と願う、今や日本では仰々しい言葉と化してしまった伝統文化の自然体の姿があった[1]」

真理子は、ロングハウスの生活で人びとが助け合って生きているコミュニティ（共同体）と、そこに継承されている伝統文化の存在に感動した。そして、それで終わるのではなく、日本固有の文化についての探求を始めた。

「日本でも、人びとの多くがまだ農村で米を育て、食べものを自給していたころは、米作りの技術とともに米のつくり出した文化もしっかり受け継がれていた。だが、時代が変わり、日本においても世界においても都市に人間が集中するようになると、食べることと作ることとの間に大きな溝ができる。そして、都市においては近所付き合いといった横のつながりだけでなく、親から子どもへという縦のつながりが確実に希薄になっていった。こうした場所では、いくら私たちの伝統文化を再興させようと頑張ったところで、しっかりとした土台がないので、宙を踏むようにあやふやなものになってしまう。

私たちが接したあのイバンの伝統文化でさえも、ロングハウスの若者が都市へ都市へと向かう時代の波によって、確実に衰退していると聞くとき、私は複雑な気持ちにさせられる。そして、私の考えは、やはり伝統文化に行き着く。これまで脈々と受け継がれてきたものを私たちの世代で絶やしてしまうのはとても悲しく、もったいない。そう思えるのは、目の前で踊る少年に出会い、イバンの人たちの自分たちの文化に対する誇りを見たからだ。彼らの文化のなかで過ごした数日間が、それほど楽しかったからだ。そのなかで私は、自分たちの文化に対する再認識をしたことになる(2)」

真理子は高校卒業後、神奈川県にある大学の環境情報学部に進学し、都市計画学を専攻する。三年生の夏休みには、都市計画学の先進国ドイツに行き、フランクフルトなどを訪ねた。そして、この体験を踏まえて、日本の都市にコミュニティ(共同体)を再構築し、交通、インフラ、都市整備、景観などの面で住みやすい環境をつくり出すという課題に取り組んでいる。

真理子は、イバンのロングハウスやドイツの都市に感動した仲間の多くが日本に対して否定的になるのを見たという。しかし、それぞれ異なる文化を一つの尺度でとらえることに違和感を感じていた彼女は、イバンとドイツを見て、日本をもっと知りたいと思い、日本のすぐれた街並みを訪ねて全国を旅する。そして、ただ田舎に郷愁を感じ、都市を否定するのではなく、都市のなかにどうやって田舎とは違った意味のゆとりや豊かさをつくり出していくかを考えるようになった。

「東京をはじめ、大阪や広島、クチンやフランクフルトなど、都市というのはさまざまな人びとがさまざまな価値観をもって集まってくる場所です。では、都市で豊かな生活を送るって、どういうことでしょう？　その答えは、決してたった一つではありません。ロングハウス体験で得た、よい部分を認めつつ、そこに何らかの形で存在する問題点を無視してはいけないという視点は、今も私のなかにしっかりと存在しています」

こうして日本に目を向け、人間らしい生活環境が提供できる都市の再編成を一貫して考えてきた。初期に設定した卒業論文のテーマは、「広島中心市街地のリノベーション提案」である。広島の伝統的な商業施設や観光資源が集中する紙屋町（かみやちょう）周辺の問題点の解決策をデザインで示すつもりだった。ところが、その過程で、自分が学んできたハード面重視のデザイン提案とは違うアプローチがあるのではないかと悩むようになる。そんなとき出会ったのが、多くのまちづくり活動にかかわっている広島市在住の平木久恵さんだった。真理子は「二一世紀に必要なのはソフト面でのまちづくりである」という平木さんの考え方にふれ、衝撃を受けたと言う。

同時に、「観光循環バス導入の検討」という交通運輸プロジェクトの研究にも取り組んできた。ここでは、観光循環バスの効果や有効性、各都市での導入の背景やプロセス、民間と行政のかかわり方などを、松江市や熊本市など約一〇都市へのヒアリングをとおして分析し、最終的に広島市へ提案しようと考えている。

都市政策と交通政策を同時に扱うという視点、ハード整備からソフト整備という考え方の変

民族衣装を着ると身も心もイバン

化は、真理子自身がさまざまな場所を訪れたり、多くの人の話を聞くなかで得たものである。「学校内で終わる自己満足ではなく、実際に広島市に対して提案できるものをつくる」のが、彼女の目標だ。

♪多様性が身につくとゆきづまらない

岡本啓太が九九年の夏に訪れたロングハウスもルマ・レンガン村だった。

啓太がサラワク修学旅行に参加しようと思ったのは、自分が試される環境で生活すれば責任感がもてるようになると思ったからだ。ふだんの生活で、友だち関係などで流され、責任をもてずに言い訳をつくって逃げている自分を何とかしたかったという。また、英語が好きだったので、外国の人と交流すると視野が広がるとも思ったようだ。

そんなときサラワク修学旅行を知り、「このような旅行には、今行かなかったらもう絶対に行けない」と思ったという。彼はロングハウスで、とにかく楽しそうに生活していた。当時を振り返って、こう語る。

「今でも、楽しかったという気持ちが一番大きいです。ふだんの生活からは想像もつかないブラウン管の映像のような世界に飛び込み、好奇心をかきたてられました。日本の生活ではあり得ない大自然に囲まれた生活は、ぼくに生まれて初めて自分というものを気づかせてくれたと思います」

啓太の行動に大きな変化が起こったのは大学に入ってからだ。彼は兵庫県にある大学の総合政策学部に進学した。「大学とは将来の夢を実現するところなので、経済とか法律という枠が決まってしまう学部ではなく、テーマを自由に選択できる学部を選びたかった」とその理由を話す。専攻したのは国際発展コースで、アメリカ合衆国における少数民族政策の研究に関心をもった。そのきっかけは、サラワクで購入したイバン語の辞書に書かれていた「世界で九〇〇の言語が消滅しかかっている。マイノリティの言葉がなくならないようにこの辞書を編集した」という記述だったという。

さまざまなボランティア活動にも参加するようになった。ＮＧＯ団体「Eco-Habitat」（ホームレスのための家の建設をおもな活動としている）に所属し、韓国で行われた「ＪＣＷＰ（Jimmy Carter Work Project）２００１」、南アフリカで行われた「ＪＣＷＰ２００２」に参加した。フィリピンでの活動経験もある。二〇〇三年七月に淡路島で世界約六〇カ国から一〇〇〇人以上の教育関係者が集まって開催された「iEARN（アイアーン）国際会議[3]」では、ボランティアリーダーとして英語の通訳をした。

「サラワク修学旅行で得た一番大きなものは、自分が広がり、多様性が身についたことです。これがあるとゆきづまらないし、どんなことがあっても対応できる人間になります。これがないと、ゆきづまったら終わりになってしまう。それと、イバンの人たちは自分の力で自分の幸せを築き、遊び方についても、日本人には考えつかないような遊びを生み出していました。ところが、日本人は自分で自分の幸せを狭めています。金をかけないと遊べないし、画一化されているからです。イバンの生活で見たものは便利さとは異なるもので、日本はある意味でもっと不便な生活をする必要があると思いました。金や便利さより、助け合いが大切です。

そして、まだ心や頭が柔軟な時期に異なった価値観に触れたお陰で、いろいろなことに対して多様なアプローチを行えるようになりました。ぼくが通う大学には帰国子女が多いけれど、意外と現地の生活を理解していません。サラワクの体験は内容がすごく濃いので、みんな興味を示すし、ぼくにはすごい体験をしたという確信があるので、自信をもって語れます」

啓太の語る「多様性」という言葉には、説得力がある。彼の言うとおり、これがあるとゆきづまらず、ものの見方が常に発展する。彼の言葉は、サラワク修学旅行が多様性を育てるのに一役かっていることをあらためて気づかせてくれる。二〇〇四年の一月に入って、彼から近況を知らせる連絡が入った。

「今まで研究していた『日米差別構造比較政策』の論文が、進級論文と同時に終了しました。ぼくはこの研究をしていくうちに、聴覚障害者の雇用における職場の手話の必要性について興味をもつようになりました。さらに、インドネシアやウガンダなど開発途上国を対象とした『手話と無言語』の研究に出会い、これからはこのテーマに取り組んでいくつもりです。これまでの国際的なマクロの一面から、今度は文化人類学的なミクロの一面に取り組んでいこうと思っています。このように両方からのアプローチができるようになったのも、修学旅行で、マレーシアの産業（ゴム）と先住民族の農業（焼畑）[4]という二つの面を見せていただいたお陰です。研究と同時に、一年のときから続けているボランティア活動にも引き続き参加していますが、就職活動などで大変ですが、今年はＪＣＷＰ２００４がメキシコで開催されるので、そのサークルリーダーとして頑張っています」

♪今はマレーシアづけです

飯塚利奈は二〇〇〇年のサラワク修学旅行の参加者だ。彼女が訪問したロングハウスはルマ・セリ村だった。当時、彼女はサラワクコースを選択した理由をこう語っている。

「私は将来、国際関係の仕事をしたいと思っています。そのためには、さまざまな国の文化について多くの知識をもち、その文化にふれることが大切だと考えました。この夏はニュージーランドへ語学研修に行き[5]、異文化にふれる素晴らしさを知りました。サラワク修学旅行では

アジャさんの家で行われた歓迎パーティーで挨拶をする利奈

私の知らないイバンという文化のなかに入り、その世界で何日か過ごすことで、今まで知らなかった自分に出会えるかもしれません。そして、新しいものの見方や広い視野を手に入れられるのではないかと考えています。私の家のまわりにはほとんどない豊かな自然のなかで暮らすことで、森と共存する人びとの知恵や生活を知ってみたいです」

利奈は英語に興味をもっていたので、英語を使う機会があるというのも、このコースを選んだ動機の一つだ。修学旅行では生徒のリーダー役を引き受けた。旅行を終えて三年生になったとき、国際ソロプチミスト[6]から高校生対象のユースフォーラムへの参加の呼びかけがあった。フォーラムは八月末に高知市で泊りがけで行われ、それまでに論文による一次選考があるという。ぼくは、準備を考えると大学受験を控えた三年生には少し厳しいスケジュールかなと思ったが、彼女は快く引き受けた。フォーラムでは、こんな話をしている。

「イバンの人びとと共に過ごすことで、『豊かに生きる』ことについて考えさせられた。まず、食事のことがある。イバンの人びとは、必要な分だけ豚や鶏を殺して食べる。豚や鶏を殺す光景を初めて目にした私は、それがとても残酷なことのように思え、涙が出そうになった。しかし、考えてみると、日本ではパック詰めにされた肉を何とも思わず購入している。殺す場面が見えないだけで、豚や鶏を殺すことには何ら変わりない。さっきまで生きていた豚や鶏が料理されるのを見て、自分が生きるために他の命が犠牲になっているのだと初めて気づいた。そして、それを実感させないパック詰めなど、便利さを追求する日本の大量生産・大量消費のサイクルがかえって恐ろしく感じる。

このサイクルへの疑問は、食事についてだけではない。私の訪れたところは自然が豊かで、人びとは自然と共生していた。ところが、近年、森林伐採によって自然がどんどん破壊されているという。合板工場では、良質な木材が大量に日本などの国に輸出されていると聞いて、自分もこの豊かな自然を破壊することに深く関係しているのだと知った。このような環境問題もまた、私たちの便利さを追求した生活の結果ではないか」

利奈は修学旅行後、東南アジアの経済や開発に興味をもつようになり、埼玉県にある大学の法学部国際関係学科に入学した。ところが、その大学では彼女がやりたい東南アジアに限定した地域研究が学びにくいということが、次第にわかってくる。

そんなとき、彼女がもっとも尊敬していた教授から、ほかの可能性を探す勇気を与えられて、一年生の秋に東京都内にある大学の外国語学部マレーシア語学科の受験を決意し、合格した。ほかの学科も考えたようだが、中国語をすでに勉強しており、マレーシアには華人が多いことや、サラワクに行ったことなどを考えて、マレーシア語学科を選択したという。

ぼくが利奈の華麗な転身を知ったのは、彼女がすでにマレーシア語学科一年生に在籍していた〇三年の七月で、思いもよらない決断に驚いたのを覚えている。彼女が明るい声で、「今はマレーシアづけです、これからお役に立てると思います」と、元気よく語ったのが印象的だった。マレーシア語学科の感想については、こう語っている。

「自分が体験したボルネオ島でのイバンの人びとの生活と、教科書に書かれている半島部の人びとの生活の違いを比較できるので、サラワク修学旅行は非常に役立っています。授業ではマレーシアの小学校の教科書も使いますが、今まで見たもののなかではいつもマレー人が主人公で、華人やインド系の人も出てきて、三者がお互いに助け合うというストーリーになっていました。サラワクでの体験があって、ブミプトラ政策[7]についても聞いていたので、このような物語の背景についても自分なりに考えられます」

利奈は週に一回、都内のさまざまな大学の学生が集まって開かれる「模擬国連」にも参加している。参加者一人ひとりが世界各国の大使になって、実際の国連の会議で扱われる問題について解決策を探すために、演説や他国との交渉を通じて決議案を作成していく。彼女はこれまでマレーシアを担当してきた。ディベートに臨むにあたっては、難民問題や知的所有権の保護などのテーマについて、国連の審議の成果や課題、マレーシアの過去の政策などについてかなり綿密な調査・研究をする。準備は大変だが、非常によい勉強になっているという。

♪たった一〇日間で人間が変わった

高原麻衣は二〇〇一年の夏にルマ・セリ村を訪問した。ロングハウスの生活を思い出して、こう語る。

「パッと頭に浮かぶのは、イバンの人たちの笑顔、日差しの強さ、裸足で歩いた地面の温度、マンディの気持ちよさ、カエルを食べたこと、子どもたちと遊んだこと……。今でもいろいろ思い出します。なぜか一番印象に残っているのは、果樹園に行った日です。本当に暑くて、ずーっと下ばっかり見て歩いていたから、行く途中は気づかなかったけど、着いてふと空を見上げたときのきれいさが、今も忘れられません。『生きてるー!!』って感じました」

麻衣の場合は、それほどはっきりとした動機があってサラワクコースを選んだわけではない。ちょっとした興味からだったようだが、それが彼女の人生に大きな影響をもたらすことになった。

「とても大きな影響を及ぼしました。今までの自分が覆されて、たった一〇日間で人間が変わったような気がします。

日本の外に出てイバンの人たちといっしょに生活することで、それまで一六年間積み上げてきた自分が意外な面から刺激され、サラワクへの偏見のようなものもなくなって、『もしかして今まで何か間違ってたかなぁ』って思いました。それと、サラワクへ行くまでは生きていることを当たり前のように感じていたのが、あれからは生かされていることがうれしくてうれしくて仕方なくなりました。何だか変な言い方ですけど、毎日特別なことが何もなくても、空を見上げたり、イバンにいたときの気持ちを思い出したりするだけで、『生きてるって幸せだなあ』って思えるようになったんです。まわりの人や物、環境に感謝することも増えました」

麻衣は現在、アメリカ中西部のミズーリ州にある大学の一年に在学している。アメリカの大学は専攻を決めずに入学でき、三年になるときに主専攻と副専攻を決める仕組みだ。彼女は進路について、これまでいろいろ迷ってきたという。

「私は中学二年と高校一年のとき学校からニュージーランドに行き、そのころから海外の大学に進学したいと思うようになっていましたが、その決定打になったのはサラワクの体験です。ニュージーランドの体験では語学への興味が深まり、サラワクの体験では自分のいる世界とそれ以外の世界への興味が深まりました。そこで、主専攻でコミュニケーション学、副専攻で国際関係学を取るつもりで、渡米しました。私は語学にも深い関心があり、外交官になって先進国と途上国の差を少しでも縮め、両者の生きやすい世界をつくっていこうという野望をもっていたのです。

でも、渡米してから一般教養としてビジネスや写真、数学、論文など幅広い授業を取り、たくさんの映画を観たり旅行をしたり、さまざまな人に出会っていくうちに、国際関係という専攻に迷いが出てきます。確かにこの専攻もやりたいけど、ほかにもっとやりたいことがあるんじゃないかという気になり、迷った末に、今は流通学を主専攻にするつもりです。ゆくゆくは多くのモノとヒトがあふれかえる街ニューヨークの大学に転学して、本格的に流通を勉強したいと思っています」

さらに、サラワクの体験について大学で何度も語ってきた麻衣は、周囲の人たちの興味深い反応を話している。

「反応はもちろん人によってさまざまですが、ほとんどのアメリカ人学生はあまり興味をもってくれません。お風呂がないことやトイレについてはすごく聞きたがりますが、それも怖いものみたさという感じです。あるいはイバンの人たちの生活に対する同情みたいなものが入り混じっていて、『何で、あなたたちはわざわざ、日本からそんなところに行ったの⁉』と何人にも聞かれました。『汚くないの？』ともね。

私としては『素敵ね！』という反応が返ってくると思っていたのですが、悲しい話を聞くかのような表情をする人もいました。私も多かれ少なかれ、イバンに行って実際に生活してみるまではアメリカ人と同じような思いがあったのですから、行ったこともない彼らがそうなのは無理もありません。でも、やはり偏見を感じました。これは、どんなに私が説明しても彼らが実際に体験しなくてはわからない壁なんだろうなあと感じます。

一般的に見て、アメリカ人学生より留学生のほうが興味をもって聞いてくれました。私の在籍する大学はヨーロッパ系の学生が多いのですが、中国、台湾、韓国、マレーシア、インドネシア、ネパールなどアジア系の学生もいます。ほとんどの留学生たちは本当に勉強熱心で、自分の知らない世界に興味をもっていて、少しでもサラワクの話をしようものならいつの間にか議論が始まり、むずかしいことを聞かれ、こっちが困ってしまうこともしばしばです。そういう環境で学べるっていうのは本当に幸せだと思います」

一つの体験が新しい体験を生み、迷いながらも新しい道を見つけ出していく麻衣の姿を見ていると、今後の成長がますます楽しみだ。

♪自分に合った生き方を見つけるきっかけ

九九年のサラワク修学旅行に参加した上村武大（かみむらたけひろ）は〇一年四月、埼玉県内にある大学の人間科学部に入学する。ところが二年後に、広島市内の書店で働いているという連絡を受けた。大学に合格したものの、長期間にわたって勉強に意欲がわかず、そんな状況を打開するために二年生で中退したという。そして、〇三年の四月から書店で働いている。彼に、大学を中退したいきさつを尋ねた。

「小さいころからまわりの人の思いをくんで、それに合わせるところがあったように思います。今も自分のやりたいことがはっきりしないのは、そのためかもしれません。サラワクに行ったのは、自分を何とかしたかったからです。自分のなかにある、『とらわれ』を除こうとしていたのだと思います。自分の思いをとるか、まわりの人の言うことを聞いて妥協するか、二つの間で悩んでいました」

サラワクでは、武大はかなり大きなカルチャーショックを受けたという。

「男だったら上半身が裸で、しっかりと鍛えられた黒い体をしている。日夜、獲物を追って山の中を走り回っている。無表情で、目つきが少し怖い」

これは、彼がサラワクに行く前のイバンの人たちのイメージである。ところが、イバンではこのイメージがみごとに覆された。そして、それは自分について振り返るきっかけとなる。

「イバンの人たちは無表情ではなく、むしろ陽気で、子どもっぽく、逆に私たち日本人のほうがよっぽど無表情でした。子どもっぽいと表現したのは、彼らが自分の気持ちに素直だからです。だれでも子どものころは自分の気持ちや意志を強くもっているけれど、社会や集団のなかで生活し始めると、まわりや全体のことを第一にして、それに合わせるために、自分が隠れたりぼやけたりします。とくに、日本に住んでいる私たちにはその傾向が強く見られます」

サラワクから帰国したとき、武大は自分の生き方について一つの決意をした。それは、自分に正直に生きるということである。

「イバン人の間には、日本の社会や集団に見られるような型にはまった考え方がありませ

サラワクでは食器も周囲にあるバナナの葉を利用する

んでした。大自然の中で大きな心を育て、自分の思ったことや感じたことを素直に表現します。自分を大切にしていて、それが相手を大切にすることにつながっています。彼らの生きている空間では、時間に追われることもなければ、勉強や仕事だけにしばられることもありません。だから、いつまでも子どものころの純粋さを忘れず、のびのびと成長しています。

そんな空間のなかでイバンの人たちと共に笑い、共に感じた数日間は、忘れかけていた子どもの心をぼくに思い出させてくれました。ぼくもイバンの人たちから教えてもらった、自分の意志を尊重し、大切にする生き方を実践していきたいです。

たとえば、友だち付き合いでは、その場の雰囲気や利害にとらわれず、自分の考えをはっきりと表していこうと思います。自分の気持ちを素直に、言いたいことを抑えずに、面白いと思ったら率直に表現することが大切です。それが相手を傷つけたり、無礼にあたったりするときもあるかもしれないけれど、決して自己中心的ではないと思います。自分を大切にすることこそが、相手を思いやる優しさにつながるのではないでしょうか」

だが、自分に正直に生きられないという感じは大学入学後も続いた。そんな自分を何とか変えたいという思いがあり、そのために大学中退という決断をするに至ったという。それに対して周囲は、「せっかく受験勉強をして入学できた大学をどうしてやめるのか」と、失望感のようなものを抱いていた。武大もそれはよく理解していたが、前に進むためには中退するしかなかったのだ。

書店で働くようになって、武大は二つのことに気づいた。まず既成のレールをはずれても生きていけるということ、そして自分らしい生き方を選ぶことの重要さだ。

「仕事をしていくうちに、自分で生計を立て、社会人として立派にやっているように見えても、自分にもっとふさわしい進路を日々模索しながら生きている人がいることに気づきました。その姿を見て、大学の意義を考え直したのです。ぼくは、大学は社会人になるための通過点にすぎないと思い込み、社会人としてやっていくための適性や興味をつかもうと躍起になっていました。だから、自分の頭のなかの非常に狭い部分で悩み、空回りしていました。

しかし、この一年間で、よい生き方＝よい職業につくという思い込みや、よい大学からよい会社へというコースが安定した生き方であるという幻想から抜け出せたのです。お陰で、ずいぶん楽に人生に向き合えるようになりました。これからも、異質なものとの接触によって自分の視野を広げていきたいです。以前のように自分の殻の中に閉じ込もっているのではなく、積極的に多くの人やものにふれ、見識を広く深いものにしたい。また、職場で出会った人たちのように、焦ることなく自分のペースで、自分に合った生き方を選んでいきたいと思います」

サラワク修学旅行の体験が今の生活にどう生かされているかについては、こう語る。

「イバンでの生活で、ぼくのもっていた既成概念が破られました。それが異文化体験の意義だと思います。自分の日常生活から離れることによって、自分のやっていることを別のところから客観視する。ふだんの生活だけでは見えない点が見えてくる。距離を置いて初めて理解できるものがあるでしょう。この体験があるから、働いていても自分を客観視できるのだと思います」

〇四年の三月、書店での仕事を退職して四月から大学に戻るという連絡があった。安定した生き方を得るためではなく、自分の世界を広げるためである。武大は「とらわれ」から抜け出し、自分のペースで一歩一歩、前に進もうとしている。サラワクでの経験が、彼の自分に合った生き方を見つける一つの大きなきっかけになったと強く感じる。

♪経験の大切さを子どもたちに伝える

前田麻貴(まき)は、広島県安芸(あき)郡にある府中南幼稚園で教諭として働いている。サラワク修学旅行を体験した卒業生のなかで、数少ない社会人の一人だ。彼女が旅行に参加したのは、啓太や武大と同じ九九年だった。

ぼくは麻貴について、とにかく虫が大嫌いで、食べものも好き嫌いが多かったのを覚えている。そんな彼女がサラワクへ行ったのは、周囲にとってもちょっとした驚きだったようだ。

「いろんな人から、『どうして行ったの』ってよく言われました。自分でも、よく行ったなあと思います」

ところが、麻貴はロングハウスの生活に、みごとにとけ込んだ。彼女に当時を振り返ってもらった。

「日本で大きな虫が出てきたら、びっくりする。でも、ロングハウスは虫がいてもおかしくない環境でした。虫がいると嫌だという気持ちはありましたが、もともと虫がいるところに自分が入っていったのですから、嫌だとは言っていられません。食べものについてもすごく好き嫌いがあるのですが、イバンの人はご飯をいっぱい勧めてくれるから、がんばって食べました。食べないと悪いという気持ちもあったし、何とかしてとけ込みたいという気持ちがあったからです。食べてみよう、しゃべってみよう。まずは、できることからやろうという気持ちでした」

苦手に感じることでもやってみようとするのは、麻貴が小さいころから少しずつ身につけた生き方のようだ。

「虫が嫌い、好き嫌いが多い、暗闇が苦手……。でも、行きたかった。苦手だからこそ、行ってみたかったのかもしれません。行って自分はどうなるのか、どんな風に変われるのか、どこかで自分を試してみたかったのかもしれません。恐がりのくせに、幼いころからいろんなことを

「イバンで学んだことを子どもたちに伝えていきたい」と語る麻貴

やってみました。高いところから跳んでみたり、絶叫マシーンにもよく乗りました。人前に立つと緊張で声が震えたり足がガクガクするのに、部活でやったのは人前で踊るバトンです。これらは『できた』という自信をくれ、私のなかに大切な経験として残っています」

麻貴は、経験はとても大切で、学ぶには経験が一番だと話す。実際、幼稚園の先生をしていて、経験の大切さを実感するときが多いと言う。

「幼稚園で初めて集団生活を送るのですから、なかなか友だちのなかに入っていけない子どももいます。同年代の子どもと遊ぶ機会が少なかったためか、友だちとどうかかわったらいいのかわからないのです。でも、幼稚園で言葉を交わし、いっしょに遊ぶ楽しさを知ると、自然と友だちの輪が広がります。経験によって自信がつき、自分が出せるようになります」

彼女は、いろいろな経験が人間を形成する大切な要素であると強調する。たとえば、なかなか友だちができずに幼稚園に来るのを嫌がっていた子どもが、ある日「先生、わたし、きのう春樹くんと話したんだよ」「ぼく、縄跳びが一〇回跳べるようになったんだよ」と、楽しそうに話し始める。環境の変化によって、子どもたちはすごく変わるという。

「大きくなってから体験しても感動するけど、小さいときに体験するとすごく自信がつくのです。私の幼稚園では毎日、朝の会、お弁当、帰りの会に、それぞれ当番の子どもが前に出て、『朝の歌を歌いましょう』などと、クラスのみんなに声かけをします。最初は、恥ずかしくて大きな声が出せない子どもがいるし、発表会に出て踊ったりするのも恥ずかしがる子どもがいます。そんなとき、私はいろいろな方法で声をかけてきました。そして、友だちが当番しているのを見たりしながら、やっと前に出られるようになる。一度出られると、今度は当番がくるのが楽しみでたまらなくなります。自信がないからやりたがらないけど、自信がつくと、すごくいい顔をするんです」

麻貴はロングハウスの生活を振り返って、イバンの子どもたちから、「人は他の生き物によって生かされている」「人と人が信頼し合い、助け合って生きる」という、生きるうえでもっとも大切なことを学んだという。そして、それが今の幼稚園での仕事の目標になっていると感じている。

「ロングハウスで暮らす子どもたちに、幼稚園はありません。でも、多くの人とかかわり、たくさんの経験をしています。文字や数字を学ぶのは日本の子どものほうが早いかもしれません。しかし、イバンの子どもたちは、それよりもっと大切なことを学んでいるように思います。

たとえば、自分たちが生きていくのに必要な食料を、どこから、どうやって得るかは、日本では理解しにくい。私たちがいろいろな生き物によって生かされていることを、私もわかっているようで、実は意識が薄いです。でも、イバンの子どもは目で見て、肌で感じて、学んでいます。これは経験しなければわからないでしょう。私も実際に行って、目の前で見て、体験して初めて、自分のものになりました。それだけ、経験は大切なのです。

また、ロングハウスの子どもたちは人に対してすぐに心を開き、とても人なつっこいという印象を受けました。それはきっと、周囲のおとながそうだからだと思います。家族の枠を越えて信頼し合い、助け合う姿が、子どもたちに人を信頼する大切さを自然に教えているのではないでしょうか。今の日本は核家族化が進み、凶悪な犯罪が増えるなかで、とても閉鎖的な社会になり、人を信頼することの大切さを実感する場面が少なくなっているように思います。しかし、生きていくうえで、それは文字や数字を学ぶよりずっとずっと大切だと思います」

麻貴自身が、生きる自信を経験をとおして身につけてきた。だから、経験の素晴らしさを知っている。そして、幼稚園で子どもたちに豊かな経験をしてほしいと願う。保護者も子どもたちを「守る」だけでなく、環境のなかでもまれるように後押ししてほしい、子どもたちが恐れずに体験できるように支えてほしいと語る。

「私はサラワクへの修学旅行で自信をつけられました。いろいろな体験をし、肌で感じ、多くを学べました。今振り返ってみて、改めてとても貴重な経験をできたと感じています。一人暮らしをして、親のありがたさをひしひしと感じるように、日本を離れて、日本のよさについてわかることも多かったです。私が子どもたちにたくさんの体験をして、強く育ってほしいと願うのは、サラワクの経験があるからでしょう。保育者の立場になった私自身、これからも子どもたちといろいろな経験をし、その感動を共有できる人でありたいと思っています」

（1）立命館大学が主催する第二回アジア太平洋懸賞論文（一九九八年）で佳作に選ばれた論文「ロングハウスを訪ねて」より。
（2）（1）に同じ。
（3）International Education and Resource Network. 子どもたちが国境を超えて国際協働プロジェクトに取り組むことで、相互理解を深め、地球から紛争をなくし、地球にやさしい生き方を学び、社会に意義深い貢献をしてほしいという願いから、一九八八年に米国と旧ソ連の間で始まった。現在、新しい遊びや環境問題、社会問題などをテーマにした一五八の交流プロジェクトがインターネットを利用して展開され、約一〇〇カ国、七〇〇〇の学校、七〇万人の子どもたちが参加している。
（4）伝統的焼畑農法では、毎年、生活に必要な小規模の森林だけを焼き、一～三年で別の場所に移動する。再び元の場所に戻るのは、一五～三〇年後である。焼畑では主として陸稲を栽培し、トウモロコシ、キュウリ、豆類、キャッサバなどを混作する。森林を焼いた灰のアルカリが土壌を中和して、稲作に適した土質にするため、農薬や肥料をほとんど使用しなくてすむ。生徒たちはルマ・レンガン村で、焼畑農業がそれまで自分たちがもっていた「森林を破壊する」というイメージと大きく異なり、熱帯林の生態系に適した永続可能な農法であることを発見した。なお、ルマ・セリ村では焼畑は行われておらず、水稲が栽培されている。

(5) 広島工業大学附属広島高校一年生のプログラム。希望する生徒が、ニュージーランドのハミルトン市にあるワイカト大学 **LANGUAGE INSTITUTE** で約三週間の英語研修を行う。

(6) 多種多様な職業分野で働くこと、地域社会や世界で奉仕することを目的として、一九二一年にアメリカで結成された団体。現在一二〇の国・地域で活動している。日本のソロプチミストはアメリカ連盟に所属し、五つの地域(リジョン)に分けられている。このフォーラムには、中国・四国地方の各クラブで推薦された約五〇名の高校生が参加した。

(7) マレーシア政府が一九七一年から推進してきた、あらゆる分野でブミプトラ=「土地の子」の地位を引き上げるための優遇政策。ブミプトラには、マレー人と先住民族が含まれる。

3 保護者にとってのサラワク

保護者の反応は、自分から子どもに勧めた人、最初は子どもの選択に反対した人、子どもの行動をじっと見守っていた人などさまざまだ。しかし、どの保護者も当初の思いは違っても、子どもたちが真剣に準備をしている姿、そして何より帰ってきたときの子どもたちの笑顔と生徒同士の深いつながり、無我夢中で旅行の思い出を語る姿を見て、参加させて本当によかったと感じている。

いつもいっしょに生活している自分の子どもが短期間で変化するのに気づくのは、そうあることではない。しかし、サラワク修学旅行では、子どもたちの確かな変化を感じた保護者がたくさんいる。そんな保護者の声を紹介しよう。

♪感謝でいっぱい

娘が「修学旅行はサラワクに行きたい」と言い出したのは、いつだったでしょうか。そのとき私は驚き、反対しました。第一は、どんな修学旅行かわからなくて心配だったから。第二は、娘が属する吹奏楽部にとって大切なコンクールと日程が重なるからです。それでも、娘は「サラワクへ行った先輩たちがとてもいきいきしていたので、絶対に行きたい」と言い張りました。

そうこうしているうちに、修学旅行の事前学習が始まります。クラブとの両立が大変そうでした。でも、わずか一〇日間のためにこれだけの労力を使って学習しているということは、並みの修学旅行ではないと思うようになりました。まもなく保護者に対する説明会があり、この修学旅行は学校行事であるけれども、学校関係者以外の多くのボランティア精神に富んだ方々によって支えられていることを知ります。何度もサラワクへ行った人のお話を聞いているうちに、サラワクへ行かせる不安は小さくなっていき、娘がこの修学旅行で何かを経験できそうな予感がしました。

いよいよ出発の日。生徒のだれもが、親と別れる不安より、サラワクに対する期待を胸にふくらませているようです。出発してからの一〇日間、娘がいなくて寂しい思いをしましたが、修学旅行自体の心配は一切しませんでした。体調を崩していないかを除いては。空港に迎えにいったときの解散式では、涙、涙となり、このメンバーの結束の強さをひしひしと感じました。解散式が終わってからも、全員が別れたくなくて、なかなか解散できなかったのです。

その後、娘からサラワクでの話を聞きました。言葉の端々より、サラワクの人びとの温かさが伝わってきます。物は豊かではないかもしれないけれど、心が豊かな人たちなのだと思いました。お土産も一つ一つに心がこもっていました。娘には、この修学旅行を支えてくださった人びとに対する感謝の気持ち、サラワクの人びとの優しさに対する感謝の気持ちの両方が芽生えただろうと思います。私も親として感謝でいっぱいです(稲田佐代子)。

♪すべてを物語る子どもたちの笑顔

娘からサラワクの修学旅行があると聞いて、自分たちの修学旅行とはずいぶん違うなという感じを受けました。実に羨ましいと思ったのも事実です。自分たちの修学旅行といえば、観光地に行って、友だちと騒いで、夜寝ないで怒られて、というのが定番。海外なんて考えられません。海外に行けるチャンスがある今の子どもたちは、それだけで幸せなのかなとも思いました。

うちの娘は中学のときからニュージーランドへ留学するなど恵まれていたと思うけれど、今回のサラワク修学旅行はそれまでの留学とはまったく違った非常によい体験になると思い、「ほかに行くな！」と言った次第です。今の日本、通常の生活は実に恵まれていて、何不自由なく、中・高生も携帯電話で楽しんでます。だから、きっと、日本にはない、純粋な何かを再発見してくれると感じました。人として豊かな生活とは、物に囲まれた生活ではないということ、もっと根本的な幸せな生活、人間らしい豊かな生活を理解してくれれば、それだけで満足という思いです。

先住民族の人たちとの生活は、それまでに体験したことのないほど新鮮だったようです。自分たちの生活で失った物や必要な物は何かを考えるチャンスを与えられただけで、とてもうれしく思います。広島空港に着いたときの子どもたちの笑顔を見て、本当に行かせてよかったと確信しました。子どもたちも素晴らしい体験をしたと喜んでいたし、笑顔での思い出話がそれをすべて物語っていると感じました（岩田英明）。

♪夢や生きがいの実現につながる

サラワク修学旅行の選抜試験の一週間くらい前です。

「兄貴の入試は、落ちれば浪人すればいいけど、ぼくのほうは、落ちたら修学旅行としては二度と行けないんよ。これにはぼくの青春がかかってるんよ」

これまで何かしたいという強い意思表示をすることが少ない子どもだっただけに、私はこの言葉にびっくりしました。しかも、目前に迫った兄の大学入試と比較して、自分の試験のほうが重大だと言っているのですから、驚きです。それから本人なりに毎日一生懸命勉強して、何とか旅行メンバーの一員に加われました。熱意が神様に伝わったのでしょうか。

一〇日間の旅行に向けて心配は多々ありました。でも、そこは月並みな言葉ではありますが、「かわいい子には旅をさせよ」です。親が自分の心配を乗り越えてこそ、子どもも親も成長すると思い、すべて気にしないことにしました。

この修学旅行、とくにイバンで過ごした六日間は、息子にとって期待どおりの忘れ得ぬ青春の思い出になったにちがいない、と私は感じております。帰国してから三日間、眠る以外の時間、息子はずっとしゃべり続けていました。どちらかと言うと、ふだんはとつとつと話すタイプです。また、長旅でとても疲れていたと思います。それでも、疲れ以上に、初めて見たり聞いたり感じたりしたことを私たちに伝えたいという気持ちが強かったのですから、それだけ新しい体験をした感動が大きかったのでしょう。

バナナやパイナップルがこれまで食べたことがないくらいおいしかった、生きている動物（豚や蛙）を殺して解体して食べた、マンディは泥水なのに気持ちいい、イバンの子どもたちは潜るのが得意で、泥水の中でも目がよく見える、イバンの人たちのペットの猿に蚤取りをしてもらった、テレビの『世界ウルルン滞在記』のように、有志五人で生きているゾウムシの幼虫を食べたとき、一人が口の中を噛みつかれた……。書けば、きりがありません。どの体験もきらきらと輝くような思い出として息子の心に残り、それが将来の夢や生きがいに何らかの形で必ずつながっていくと私は信じております（河口ひろみ）。

♪人間が成長し、責任感が強くなった

自分の身の回りだけの小さな世界から大きな世界へと、意識の変化が見られた。とくに、周囲の様子に気を配りながら神経質に日常を過ごしていた娘が、自分の考えや意見を堂々と言えるほど成長できたのは、サラワク修学旅行に参加したお陰と思っている。

親子で進路の話をした際、先生の意見や自分の興味の対象だけにとどまらず、自分が社会にいかに参加し、どう貢献できるかを考えて大学を選択していることに驚かされた。自分がなりたい職業と、社会への参加・貢献との接点を探そうとする姿勢に、旅行の効果が見える。この旅行をとおして、娘自身の人間関係の幅は確実に広がった。そこから多くの影響を受け、受け

入れながら反発もし、それが積極的な人格形成へとつながったようだ（脇山喜行）。

とてもよい未知の経験をさせていただきました。息子は自分の殻を破って、一回り大きく成長したように思います。また、いっしょに行った仲間の方から刺激を受け、感謝いたしております。一人ではこうはいかなかったことでしょう。このような旅行を計画され、事前学習を指導してくださった先生や荒川さんに、感謝に堪えません。帰ってからも、自分がリポーターになって聞き手に伝えたり、そのときの自分の思いを見つめて表現するなど、子どもの成長を感じました。ぜひ続けていかれることを願っています（橋詰ひろみ）。

ひとことで表現すると、責任感が強くなりました。現在の日本の生活では、人や物に対して、大事にする、感謝する心が低下している気がします。便利になることはよいときもありますが、人間を一つの生物と見たとき、この修学旅行に参加して、人間としての原点を感じ取ったでしょう。

正直、初めは衛生面のイメージで、サラワクだけは絶対に参加したくないと娘は言っておりましたが、決断したのは「これからの人生で絶対に行かないだろうと感じた」という理由だそうです。行きたくないと思ったことで、逆に価値を感じたのでしょう。その決断は、娘にとっても親にとっても、大正解だったと思います。心と体に大きな宝を浸透させて帰ってきたと言っても過言ではありません（芦沢浩子）。

第6章 体験を生きる力に変える方法

サラワク修学旅行は、まさに「学びの宝庫」だ。生徒たちは次々とぼくたちスタッフが予想もしていなかった気づきや発見をする。つくづく実体験のすごさを感じる。しかし、体験だけでは生きる力にならない。ここでは「つながり」と「命（生）」という、サラワクでのもっとも大きな学びを取り上げ、体験を生きる力に変える方法について考えたい。

1 つながりに気づく

♪共同体と自然とのつながりを感じる

サラワク修学旅行を選択する生徒の多くは、アジアや開発途上国に対して比較的高い関心はあるが、それでも「貧しい」「遅れている」というイメージをもっている。ところが、イバンの生活を体験してみると、日本より豊かな部分を発見する。これは、生徒にとってそれまでの考え方や価値観を覆す衝撃的なできごとであり、豊かさの尺度に大きな変化をもたらす。

「私はこの修学旅行に参加するまで、東南アジアのよさはわかっていませんでした。日本のような先進国のほうが便利で暮らしやすいと思っていたし、開発途上国は遅れていると思っていました。

経済に関しては、遅れているのは事実だと思うし、便利というわけではありません。でも、たくさんのよさを見つけました。日本は確かに暮らしやすいと思います。けれども、たった数日間でロングハウスも、私にとってとても暮らしやすいところになりました。イバンの人たちはみんな心が広くて、やさしかったです。時間がゆっくり流れていて、何かに追われている感じがしません。自然が身近にあって、とてもよい生活ができました。ロングハウスの人たちは、お金があれば街で暮らしたいと言っていたけれど、お金がないからこそできる暮らしが私はうらやましい。

これまで便利で金銭的に豊かな暮らしがよいと思っていましたが、今では自然が豊かで心が大きくなる暮らしのほうがよいと思うようになりました。この修学旅行でイバンの人たちの生活に入り、イバンの人たちと交流して、私の価値観が変わった気がします」（河崎順子）

生徒たちがロングハウスの生活で取り戻すのは、家族や地域（村）といった共同体の一員であるという意識だ。そして、自然の一部であることも意識する。日本の生活は経済的に豊かになったが、共同体や自然とのつながりが希薄になった。生徒は、人間が豊かな生活を送るためには共同体や自然とのつながりが欠かせないことに気づく。

「ロングハウスで生活すると、みんな笑顔になった。私は、ロングハウスには自然があるから、みんな笑っているのだと思う。イバンの人も日本人も、みんな目を輝かせていた。自然をなくしたとき、捨てたとき、忘れたとき、笑顔が消えていくような気がする。

そして、ロングハウスの生活は一家族ごとで成り立っているのではなく、ロングハウスにいる人みんなで成り立っている。たとえば、食べものはみんなで分け合う。不作でお米が穫れなかった家が豊作だった家に分けてもらったり、たくさん捕れたエビや魚を分け合ったりする。食事のときにほかの家に行くと、ご馳走してくれる。これらは、イバンの人にとって日常的だった。子

ロングハウスの廊下が人の心をつなげてくれる

どもたちはロングハウスのみんなで育て、ほかの家の子を温かい目で見守り、ときには叱る。
昔の日本にも、こんな風景はたくさん見られたと思う。人が生活する原点は、自然と共に生き、たくさんの人と協力して生きていくことだったのだろう。ロングハウスに来て、人が生活する原点に帰った気がする。そして、私がロングハウスにいるとき、日本にロングハウスを持って帰りたいと何度も思ったのは、自然と共に生き、たくさんの人と協力して生きていくということを、日本に住んでいる人に伝えたかったからだと思う」(花房育美)
日本の学校では、共同体や自然とのつながりを取り戻すために、さまざまな活動が行われている。しかし、「考える」機会は多いが、「感じる」機会は少ない。子どもたちにとってまず、実際に共同体や自然のなかで生きている人に出会い、その人たちといっしょに生活する体験が必要ではないだろうか。サラワクでの子どもたちの学びから、ぼくはそう考える。

♪茶色い川と日本の生活の深い関係

ロングハウスの食事には、田畑で穫れる米や野菜、森で採れる木の実、キノコ類、タケノコ、ヤシの髄、ワラビなどの山菜が出る。病気をしたときは、さまざまな薬草を使って治療する。森に生える籐や竹、ブンバンを使って籠、帽子、ゴザなどの日用品をつくる。生徒たちは、イバンの人にとって森が彼らの生活を支える「スーパーマーケット」であることを実感する。

ところが、その森は木の伐採やアブラヤシ・プランテーションの開発によって次々と消滅し、先住民族の生活が脅かされている。一方で、イバンの人たちは経済的にもっと豊かな生活をするために、教育や雇用の機会を求めて都市に移動していく。木材の伐採現場、合板工場、アブラヤシ・プランテーションで働いている人たちも多い。

生徒たちはこうした現実を知り、イバンの人たち自身が自然破壊の過程に組み込まれている複雑な状況に気づく。さらに、サラワクで生産される合板やパーム油の多くが日本に輸出されていることを知り、日本人も自然破壊の過程と深くつながっている事実に気づく。マンディをしたときに驚いた茶色い川が、日本人の生活とつながっていることも、初めてわかる。

「一つ私のなかに引っかかっていることがある。それは、近代化の波だ。イバンの人は日本のよ

川沿いには日本にも輸出されている合板工場がたくさんある

うな先進国に憧れていて、裕福になりたいと思っている。ロングハウスにもどんどん電化製品が入り、たくさんの人が都市に出稼ぎに行く。それによって、ロングハウスの生活が崩れている。イバンの人の出稼ぎ先に、合板工場、伐採現場、アブラヤシ・プランテーションなどがある。それはロングハウスだけの問題ではなく、日本もかかわっていることを知った。マレーシアが一番多く木材を輸出しているのは日本だし、日本では最近アブラヤシから採れるパーム油を使った商品がたくさん売り出されている」(花房育美)

サラワクへ行く前は、生徒たちは森林破壊について考えたり、温暖化現象など森林破壊がもたらす影響について学習するとき、森林そのものを知らないために関心をもちにくかった。ところが、森の恵みで生きている人たちの生活を体験することによって、人と森とのつながりを実感する。そして、森林が破壊されていく現状を、他人事ではなく自分の問題として考えるようになる。

♪イバンの豊かさと日本の豊かさ

二〇〇二年にルマ・セリ村を訪問したとき、インタビューの時間に聞かれた。

「どうして、先進国である日本の高校生が、こんな田舎のロングハウスに来ようと思ったのですか」（第1章2参照）。

これは前々からイバンの人たちが疑問に思っていたことではないかと、ぼくは思う。マレーシアでは「ルック・イースト」[1]や「ビジョン2020」[2]などの国策をとおして工業化・近代化政策が推進され、サラワクの経済もかなり発展した。イバンの人たちも経済的に豊かな生活を望んでおり、彼らにとって日本は憧れの国となっている。そのような豊かな国からロングハウスに高校生がやって来るのは、イバンの人たちにとって不思議なのだ。

ぼくのなかにも、サラワク修学旅行を始めた当初から一つの疑問があった。それは、イバンの人たちが想像もできないほどの費用を一〇日間の修学旅行にかけることにどんな意味があるのか、という疑問だ。日本とイバンの社会の間には、途方もない経済格差が存在する。イバンの人たちにとって、日本への旅行は不可能に近い。ぼくは最初ロングハウスで生徒が感動するのを見て、生活の大変さを理解せずに、よいところしか見ていないのではないか、それでよいのか、という思いをもった。

だが、回数を重ねるうちに、イバンと日本はそれぞれが独自の豊かさをもっていて、両方の豊かさに気づくことがこの修学旅行の意味であると思うようになった。実際、生徒は旅行を終えた直後は、人や物とじっくりかかわり合うロングハウスの生活に強くひかれる。だが、次第に、日本の物が豊かな便利な生活のよさにも気づく。そして、両方のバランスをとることが必要であると感じていく。

さらに、サラワク修学旅行をとおして生徒は、開発と環境、伝統文化と機械文明、都市と農村などのさまざまな対比ができるようになる。自分たちの生活や社会を多様な視点や価値観で見つめられるようになるのだ。

「私が今回の体験で一番考えたのは、豊かさについてだ。イバンの人びとは経済的には豊かでないが、心の豊かさをもっていると感じた。人びとは生活のなかで充実感を味わっていて、人と人との関係もよいから、私にとっても生活が心地よかったのだ。それに対して、日本は経済的な豊かさばかりを追い求めた結果、心の豊かさを失ったと思った。旅行を終えた直後はこのような日本の生活は間違っていると思い、クチンのホテルのスピーチでも、中学一年の授業でも、イバンのような心の豊かさを育てたいと話した。

だが、最近、経済的に豊かになることが本当に悪いのかと考えるようになった。大切なのはバランスであると思うからだ。同時に、『二〇二〇年までに先進国の仲間入りをしよう』というスローガンを掲げて経済成長を進めているマレーシアが、『心の豊かさを失わずに先進国になれるのだろうか』という疑問をもつ。豊かさについて答えを出せるかどうかわからないけれど、こういう問題が考えられるようになったことが私の学びだと思う」(山本麻実(まみ))

(1)マレーシアはマラヤ連邦として独立した一九五七年以降、西欧を見習って近代化と経済発展を進めてきた。サラワクは六三年にイギリスから独立してマレーシア連邦に加盟して以降、急速に経済開発が進められていく。マハティール前首相は、国内では「ブミプトラ政策」を進める一方で、対外的には欧米中心の大国主義に批判的で、ASEAN(東南アジア諸国連合)重視の外交政策を展開する。とくに、日本や韓国の経済発展に学ぶ「ルック・イースト」政策をとおして工業化を進めた。

(2)二〇二〇年までに先進国の仲間入りをしようというマレーシアの国家目標。

2　命(生)を感じる

♪自然との境界線がない

日本にいるときは虫一匹さえがまんできなかった生徒が、ロングハウスで生活すると虫がまったく気にならなくなる。ぼくは、それを以前から不思議に思っていた。しかし、ロングハウスと日本を行き来しているうちに、その理由が少しずつわかってくる。

日本ではほとんどの人が、自分の生活と自然の間にはっきりと境界線を引いている。だが、ロングハウスでは、人はいつも自然のなかに生きている。自然と家の境目がない。だから、生徒もいつの間にか自然のなかにいて、虫も気にならなくなるのだ。

それは、衛生面や清潔さの感覚の違いにもよく表れている。イバンの人たちは屋外で作業をするとき、川で洗濯するとき、スポーツをしたり遊んだりするとき、履物を履かない場合が多い。なかには、ロングハウスから離れた畑やジャングルにも裸足で行く人がいる。帰ってくれば、そのまま家の中に入る。だから、廊下や各家族の家の床は、日本のようにごみ一つないという状態ではない。そのようなところで食事したり横になったりする。

自然との境目がないということは、食べものへの意識にも表れているようだ。ロングハウスの建物は伝統的に木造高床式で、床下には鶏などの家畜が放し飼いにされている。食べかすなどは床下に落とされ、その食料となる。かつては、イバンの人たちが捨てる物のなかに、自然に還らない物は何一つなかった。だから、彼らにはごみという概念がなかったのだろう。[1]

ぼくは修学旅行を実施する前は、このようなロングハウスの生活を生徒が体験したとき日本の感覚との違いに驚き、気にするのではないかと心配した。ところが、実際に行ってみると、生徒はむしろロングハウスの生活が正常だと感じる。そして、日本のように自然を排除してまで清潔さを求める生活を不自然に感じ、疑問を抱く。

「ロングハウスの中では靴を履くことが少なく、ほとんど裸足で歩いていました。ジャングルに行ったりアスファルトのような熱いものの上を歩いたりするときは、さすがに靴を履いたけど、靴を履く理由が日本にいるときと違います。日本では、足が汚れるからという理由で靴を履き、汚れた足や濡れた足のまま家に入ることはありません。水をこぼしたらすぐ拭き、汚れがあるとすぐ掃除します。一方ロングハウスでは、水をこぼしてもそのままだし、外から帰ってもそのまま部屋に入るのです。いろいろなことをいちいち気にしなくていいから、とても解放された感じがしたし、気持ちが楽でした。

私は不思議なくらいきれいにしてある日本で育ったので、残飯が残っている流し場の上を踏むのに初めは抵抗がありました。[2] 残飯は汚いものだと思っていましたから。しかし、イバンの自然のなかで暮らして、それは間違っていると気がつきます。今まで汚いと思っていたことが実は普通なくらいで、日本のきれいさは異様だと思いました。ことあるごとに殺菌や除菌といって、きれいにしすぎです。菌がいるのは当たり前で、人間はそれに対応できる抵抗力をもともとはもっているのだから、そこまでこだわる必要はないと思いました。イバンの生活に入って、人間のありのままの姿を見た気がします。

ロングハウスの人たちは、小さいころから裸足で生活していたので、足の裏がとても硬くて、どこでも平気で歩きます。日本のように、外に出るときは必ず靴を履き、家の中に自然を持ち込まないという考えは、ありません。実際ロングハウスには玄関がなくて、自然と生活の境目がほとんどありません。こうした自然のなかで暮らす習慣は、日本にも持ち込みたいと思います。靴を履いて自然に直接ふれなくなり、家に隙間をなくして風も入れなくなり、いったいどこまで自然と離れたら気がすむのかと、不思議に思いました」(河崎順子)

♪命の大切さを知る

ロングハウスでは豚、鶏、スッポン、カエル、ゾウムシ、魚、エビ、タニシなど実にいろいろな動物を食べる。それらはすべて、イバンの人たちが自分たちの手で川や森で捕ったり、ロングハウスで育てたものだ。

生徒たちは最初、イバンの人たちが自分たちの手で動物を殺して食べるのを見て、「残酷」に感じる。しかし、同時に、それまでずっと自分たちが動物の肉を食べて生きてきたことを思い出す。だれかが自分のためにそれらの動物を殺してくれていたことにも気づく。こうして頭のなかでは、動物を殺す行為が人間が生きるために必要だと理解する。だが、これまでそのような場面を実際に見たことがないために、自分のなかに起こってくる感情や思いをどう整理したらよいのかわからなくなり、一瞬パニック状態に陥る。一人の生徒がそのときの心境を克明に描写している。

「ブタを絞めたときの鳴き声の変化は、聞いていたときよりも思い出したときのほうがつらい。そのとき自分は何も思わなかった。いや、今思えば、何も考えられなかったのかもしれない。何がよくて何が悪いのか、完全にわからなくなった瞬間だ。だって、アパイは笑顔なんだもん。ぼくは引きつった笑顔しか返せなかった。しかも、目の前に起こっているのは、とりあえず悪いことではない。これを悪いと言ったら、日本へ帰ってから何も食べられなくなる。じゃあ、なんで自分はこんな反応をしたのだろう。

強者が身動きできなくなった弱者を殺す。おそらく、そのためだろう。その単純で当たり前の動作に、言葉を失ったのだ。そう、当たり前の動作に……。ただ、本当に当たり前と言っていいのだろうか。力があれば、弱いものを食い物にしていいのだろうか。その是非について、今まで学校でさんざん考えてきたではないか」(岩田和彦)

生徒たちは、このできごとをとおして「命」を発見する。自分たちがたくさんの命によって生かされている事実に気づく。ある生徒は、それを瞬間的に理解する。ある生徒は、ロングハウス滞在中ゆっくりと時間をかけて、繰り返し繰り返し考えながら気づいていく。そして、命をもらって生きていることに感謝する。一人の生徒は、命についての思いをこう語る。

「日本では、肉や魚は衛生的にパックされ、スーパーに並ぶ。そこには命のかけらも感じられない。ロングハウスでは、人びとは他の生き物とつながりをもち、本当の命、命がなくなる瞬間と、常に向き合って生活している。そして、どんな命も決して無駄にしない。その日、その豚

カエルの皮をこわごわとむく。こうした体験をとおして命の大切さを知る

も脳味噌から歯茎まで余すところなく食べられた。一つの命がみんなの命に変わったのだ。彼らのほうが命の大切さを知っていた。

私を含めた日本人は、命の大切さを知らない。でも、私が聞いた激しい悲鳴は耳にしないだけで、本当は毎日機械的に行われている。それから目をそむけないこと、それが食べる者の責任だと教えられた。私は命を食べている。私の命はたくさんの命によって生かされているのだから、私が一生懸命生きることが命への恩返しだと教えてもらった。命を大切にしたい」(廣永智子)

動物の命を発見した生徒の学びは、さらに発展する。彼らのなかであらゆる命がつながっていく。そして「口に入れる食べものの命が感じられない」ことが大変な問題であると気づく。つまり、動植物の命を感じないまま食事をしているから、生きていることに感謝したり喜びを感じられなくなり、ひいてはそれが自分やほかの人の命の軽視につながるのを理解する。

ぼくはサラワク修学旅行を計画するとき、自然についての学びは期待していたが、生徒が命についてこのような深い学びをするとは想像していなかった。むしろ、生徒が豚や鶏を殺す場面を見て残酷に感じ、ショックを受けるだけで終わってしまうのではないかと心配していた。ところが、生徒たちは豚が殺される瞬間に命を発見し、さらに動物の命が自分の命や他者の命につながっていったのである。

「私たちは、その命を背負っていく。その叫びを、ちゃんと受けとめなければならない。イバンの人たちはそれを私たちよりずっと知っているからこそ、与えられた恵みを絶対に無駄にしなかった。それが共生なのだと思う。ふだんの生活のなかで、私たちはどれだけ命というものを感じているのだろう。他者の命、食べものの命、そして自分の命……。日本には、当たり前のように悲惨な事件があふれている。私の感覚はずっと、そんな社会のなかでマヒしていた。どこかで命を軽視していたのかもしれない」(渡辺真実)

♪「生の感覚」を体験する

畑や森では、イバンの人たちが何種類もの食用・薬用の植物を採り、試食させてくれる。あるいは動物の罠を見せ、木の皮を剥いであっという間に木製の容器をつくる。生徒たちは、このようなイバンの人たちをたくましく感じる。彼らにとっては「近所」の畑や森に行くのにもすぐに疲れてしまう生徒たちは、自分の体力のなさを感じる。

魚獲りやカエル捕りでは、イバンの人たちが次々と獲物を仕留めるのを横で見ながら、生徒たちはほとんど何も捕まえられない。小学校を訪問してロングハウスに帰るとき、生徒たちはイバンの男性が操作する船外機付きのロングボートで移動した。その横を自分たちよりもはるかに小さな子どもたちが自力でロングボートを漕いで帰るのを見て、唖然とする。

ロングハウスの生活で生徒たちは、まさに「生きる」ことを学ぶ。食料を採る、食べる、移動する、仕事する、家族で協力する……。こうした一つ一つが実感できるようになる。イバンの人たちが日常的に行っている営みの一つ一つが、生徒にとっては初めての体験ばかりだ。そして、実はそうした営みこそが生きていくために必要であることに気づく。

日本の子どもたちは学校でいろいろ学ぶが、その大半は知識の習得だ。食べものや道具をつくることに代表される、生活していくための基本的な営みについては、ほとんど学習しない。だから、自分たちの力で生きているという実感がもてず、生きる自信が育たない。そんな生徒たちはイバンの人たちを見て、「生きている」と感じる。そして、自分たちも「もっと生きたい」と思う。

「ロングハウスで生活をしてみて、人間がやるべきことって本当にたくさんあったんだなと思いました。イバンの人たちからは生きているという強いものを感じたけれど、私には何か欠けているなと思いました。私も、もっと精一杯生きたい」（山近(やまちか)玲子）

ロングハウスの生活は、生徒たちに大きなカルチャーショックを与える。帰国後の様子を見ると、サラワクの生活を体験した生徒のほうが、イギリスやニュージーランドの修学旅行や語学研修を体験した生徒より大きなカルチャーショックを受けている。日本と同じアジアでの体験が欧米などでの体験よりも大きな衝撃を与えるのは、ロングハウスでの生活が日本の生活にはない「生の感覚」を体験させてくれるからだろう。

「今の日本や世界は本当にあるのか？　今までの歴史は本当にあったのか？　自分の存在は？　こんな疑問が出てしまうのは、たぶんテレビやテレビゲームなどで仮想世界をつくることができ、その世界を小さいころから見ていたからだろう。『どうせ、ゲームだし』という感じで、『どうせ外国のことだし』と、海外のできごとが本当に起こっているのかさえ疑っていた。そして、学校では世界史や日本史をクイズ感覚で勉強している。ほかの勉強だって、そうだ。古典や漢文などは、わけがわからないままやらされているような感じだった。実感のないことばかりの日本の生活は、自分にとってつらかった。

だが、ロングハウスの生活では体験（実感）をたくさんできた。実感するということは、とても楽しい。自分が生きている、存在している。それが味わえた。そして、今回の修学旅行で、カルチャーショックをたくさん受けるべきだと思った。なぜなら、自分が見ている世界は、間接的に見たり聞いたり想像したりすることによってできあがった、ウソと事実が混ざり合った世界だとわかったからだ。

今まで、本当はどうなのかを知らずに過ごしていたし、知ろうともしなかった。カルチャーショックを体験すれば、互いの違いについて発見できるし、刺激があっておもしろい。でも、それにはかなりの覚悟もいる。刺激が強すぎると、悲しくて仕方なかったり、苦しくて仕方なかったり、いろんな感情に襲われるからだ。しかし、そんなものを恐れてはいけないと思う」（上本聡宏）

（1）イバンの人たちが紙類やプラスチック類まで川に捨てるのを見て、生徒たちは驚く。都市生活の影響で自然に還らない物がロングハウスに入ってきたにもかかわらず、かつての感覚がそのまま残っているようだ。SCSはロングハウスで、このごみ問題の解決にも取り組んでいる。

（2）ロングハウスの台所では、床の上で調理をしたり洗いものをすることが多い。建物が高床式になっていて、床には隙間が開いているので、残飯や水はそのまま床下に流す。

3　生きる力を引き出す

♪学びを深める事前学習

サラワク修学旅行での学びは大きいが、ただ現地に行って体験すれば学びが成立するというものではない。学びを深いものにするためには、生徒たちに学ぶための土台が必要となる。その土台づくりになるのが事前学習である。この旅行では、現地でのプログラムを充実させるのと同じくらい、事前に生徒一人ひとりの意欲や関心を高めることが大切なのだ。

こう考えるに至った背景には、サラワク修学旅行を始めた最初の二〜三年の経験がある。そのころ、旅行が終わりに近づくにつれてスタッフは、現地での活動に意欲的に参加できなかった生徒に対する落胆を感じていた。どんなに内容のあるプログラムを準備しても、生徒の関心や意欲が伴わなければ、成果があがらない。そして、事前学習が一つ一つの活動に意欲的に取り組む姿勢を育てるうえで、重要な役割を果たすことに気づいた。

今では多くの生徒が、事前学習について「どれも何らかの形で役に立った。何の意味があるのだろうかと思ったことでも、現地に行くと役に立つものが多い。すべての学習がどこかでつながっていた」と述べる。事前学習の時点では、一つ一つの意味がよく理解できないかもしれない。ところが、いざサラワクに着くと、事前に学んだことが現地での学びを助ける。

また、これまでに参加した生徒から、「スーパーの肉はもと動物だった」「生態系に組み込まれた」「地球の上に立っている」「ロングハウスを持って帰りたい」など、深い洞察と発見に満ちた言葉が発せられてきた。そして、多くのおとなが、自分の言葉で体験を語る生徒に強い感銘を受ける。このような学びが可能になるのは、生徒一人ひとりが自分のテーマをもっているからだ。だから、ぼくはガイダンスのときから、旅行に参加する目的をはっきりさせるように呼びかける。

サラワク修学旅行のプログラムには、文化、共生、人権、開発、環境、自然、平和、貿易、経済発展、国際協力など、多様なテーマが含まれている。多面的な学びができる旅行だが、自分自身のテーマがないと内容の豊富さに振り回され、体験から十分には学べない。自分のテーマをもつことは、旅行中の学習活動に柱となる視座を設定することである。それが、自分の学習活動全体のコーディネートを可能にする。

♪伝えることで体験が自分のものになる

二〇〇一年九月、サラワク修学旅行に参加した生徒による初めての授業が中学校で行われた。そのとき、ぼくは生徒が自分たちの経験を力強く語る姿を見て、胸が高鳴るのを感じた。なぜなら、生徒に「何を学ばせるか」には注意を払ってきたが、生徒が実際に「何を学んでいるのか」については、そのとき初めて知ったような気がしたからである。授業を終えた生徒は、「もっと時間がほしかった」と言った。そこからは、話すのが楽しくて仕方ないという生徒の気持ちが伝わってくる。

中学校での授業体験は、ぼくにとって発想を転換する機会となった。生徒たちの授業を見ていて思ったのは、感じたり考えた内容を自分の言葉で伝えて初めて体験は自分のものになるということだ。自分の思いを他者に伝える作業によって、それまで曖昧だったものが確かになる。そして、言葉にすることによって自分の考えに責任をもてる。

体験によって自分のなかにいろいろな感情や思いが発生するが、初めは混沌とした状態にある。他者に向かって発信することによって、それらは整理され、定着する。授業を体験した生徒は、伝えることの意義を理解する。

「授業をすることによって、今まで知らなかった学びをたくさんしました。どうすれば人に理解してもらえるか、そして考えてもらえるかについて、こんなに悩んだのは初めてです。そして、話を聞いてくれる人がいるということも幸せだと思いました。何かを教えると同時に、何かを教わっているように感じました。話すにつれて、無意識に追いやられていて言葉にならなかった考えがペラペラと出てきて、自分でも不思議なくらい。旅行の学びはもちろん大きかっ

たですが、授業によって確信を得られました。体験というのは、人に伝えることで形になっていくんですね」(渡辺真実)

「始める前はどうなるのかどきどきして、足もがくがくして、ちゃんとうまくやれるのか不安でいっぱいだったけど、今一番言えるのは、『楽しかった』ということです。今までは自分の思ったことを自分の言葉で表現するのが苦手だったけれど、今回はみんなの前で話しているうちに、自分の体験や考えが整理できて、自分のものになったような気がします。授業をする前は、サラワクの体験がたくさんありすぎて漠然としていたけれど、みんなの前で話すことによって、その体験が『本当のもの』になったような気がします。自分の考えをみんなに聞いてもらううれしさがすごくわかりました。その分、準備も大変だったけれど、自分自身もサラワクについてまた深く理解できたように思います」(奥備季恵)

子どもたちは、小学校以来、なかには幼稚園のときから、知識の習得に追われている。しかし、知識を習得したときの達成感を味わったり、すでに習得した知識を振り返って整理したり発表する時間や余裕がない。だから、自分のなかに何があるのかわからず、自信がもてない。そして、多くの生徒が自分の知識は不十分なのではないかという不安を抱いている。

今、学校で必要とされているのは、学んだ内容を整理し、他者に伝えることによって、「自分はこれを学んだ」という達成感を味わうことである。それによって自分の考えがまとまり、自信がもてるようになる。

同時に、生徒が学校の外で発表したとき、体験に関する質疑応答によって生徒の学びがかなり深まるのに気づいた。自分たちとは異なる文化や社会を体験した高校生や、ＮＧＯ関係者・教育関係者・大学生・大学院生など自分たちよりも知識や経験の豊富な人たちから、それまで自分たちが考えていなかった質問を受け、それに答えるために考える。そして、新しい視点から体験を捉え直す。それが学びをさらに発展させる。

♪行動する生き方を学ぶ

サラワク修学旅行に参加した生徒は、旅行での学びをさまざまな形でその後の生活に活かしている。これには、旅行のスタッフに加わっている三人のＮＧＯ関係者の影響が大きい。荒川純太郎さんと共生さんは、アジアの人たちと共に生きることを意識しながら、地球的視野をもった人材育成のために働いている。ファビアン・アジャさんは、都市やロングハウスに住むイバンの人たちの生活向上に取り組んできた。

この三人はイバンの人たちとの交流を深めながら、それぞれの場所で活動している。生徒は彼らといっしょの生活によって、「傍観者」ではなく「行動者」の視点でイバンの人たちと交流するようになる。そして、少しずつ行動を起こし始める。

ＮＧＯ関係者から学ぶ最大のポイントは、行動する生き方だ。学校教育のなかで、人権、平和、開発、環境などさまざまな視点で社会について学ぶときは、問題点を指摘したり分析するだけで、解決方法を見出す姿勢に欠けがちである。行動を起こすところまで結びつかないのだ。それでは、生徒は解決できない問題がどんどん溜まっていくように感じ、ひいては無力感につながる。

サラワクでは、生徒はイバンの人たちと心の通う交流をする。その一方で、環境や開発に関する複雑な状況を知る。自分たちの生活についても見直しを迫られる。行動者としての状況に立たされるのだ。そして、それは日本に戻ってからも継続する。それを物語る二つのできごとを紹介しよう。

一つは、一人の生徒が中学三年で授業したときのことだ（第4章3参照）。この生徒は、ロングハウスと森の生活、アブラヤシ・プランテーションの開発と森林破壊の問題について話した後、こんな質問を中学生に投げかけた。

「労働者や環境問題を考えたうえで、あなたはパーム油が使われている商品をもっと買おうと思いますか？　買うまいと思いますか？　そして、それはどうしてですか？」

そして、最後にこう締めくくった。

「この問題の解決は、容易ではありません。しかし、一人ひとりが事実を知り、問題について考え続けることに、意味があるのです」

この生徒はサラワクに行くまでは、森林が破壊されることによって実際にだれが困るのかがわからなかったし、自分たちの生活とのつながりも感じられなかった。それがサラワクで実感できたという。具体的な解決方法はまだわからないが、問題の複雑な構造を知り、考えるための基礎はできた。事実を知って悩みは多くなったが、解決への意欲が高まったのだ。

もう一人の生徒は、旅行の最終日に振り返りミーティングを行ったとき、荒川共生さんが語った言葉に刺激されて、次のような思いを語っている。

「イバンの人たちの言葉に『森はスーパーマーケット』というのがある。彼らは食べものや薬など非常に多くを森から得る。その日の食べものは森に行ってその日の分だけ採り、森と共に生きている。彼らはずっと昔からそうやって生きてきた。

しかし、その森のスーパーマーケットが今、破壊されつつある。その原因は私たち日本人にもある。マレーシアの木材輸出量は日本が一位になっているからだ。また、彼らはお風呂も洗濯も食べものを洗うのも、すべて川でする。しかし、その川は茶色く濁っていた。上流で森林伐採をするために、泥が流れてくるからだ。また、アブラヤシ・プランテーションも同様に多くの問題をかかえている。そのほか、ゴミの問題や文化の消滅など非常に重大な問題が私たちとのつながりのなかで起きている。そして、自分も無意識にそのなかに入っているのだから、私たちはある程度イバンの人たちの生活に対して責任がある。

スタッフの方が教えてくれたのだが、日本では店に来る一〇〇人の消費者のうち七人が意見を出すと、その店は変わるという。つまり、一〇〇人中七人が行動を起こせば社会が変わるのだ。だから、私たちには社会を変えていく力がある。想像力を働かせて相手の立場に立って考え、行動する。そうすれば、きっと世界はよくなると思う。行動しないと、自分も社会も変わらない。

また、その土地にはその土地の風土があり、自然があり、そこで暮らす人びとがいて、文化がある。そうした価値の多様性への認識をもたないかぎり、どんな教育支援も環境や風土の破壊につながる危険性がある。イバンの人たちの生活は私たちとのつながりのなかで変わるのだから、自分が行動しないとイバンも世界も変わらない。人ごとではなく自分の問題として考える。そして、相手の立場にたって考える。そうすれば、きっと世界はよくなると思う(1)」

(廣永智子)

もし、生徒が「傍観者」の立場でサラワクやロングハウスの生活を見ていたら、修学旅行後もこれらの問題に取り組む意欲を継続することはむずかしいだろう。

♪日常的なカリキュラムの工夫

近年、生徒の学ぶ姿勢が受動的になり、学ぶ意欲が低下している、といわれる。その解決のために教育改革が始まり、「総合的な学習」が導入された。

ぼくの勤務校では、九〇年代なかばから、「人間科」「倫理」「国際理解」「グローバル・ラーニング」などの科目や修学旅行をとおして、人権・平和・環境・開発・共生・生き方などのテーマについて総合的に学べる学習活動を実践してきた。そこでは、ワークショップ、社会人との出会い、スタディーツアーなど参加型・体験型の学習形態によって、生徒が人間や社会に主体的に向き合えるような学びをめざしてきた。

こうした中学・高校でのさまざまな学習活動が、サラワク修学旅行の「プレ事前学習(2)」にもなっていった。また、旅行を終えてからも、事後学習だけでなく、各教科、人間科、文化祭などの学習活動が、旅行での学びを発展させている。そうしたカリキュラムと旅行がつながって初めて、生徒に学びの深化が訪れる。

最後に、この章で取り上げた「つながり」と「命(生)」の学びに関係する学習活動のいくつかを紹介したい。

①食べ物から世界が見える(中学一年、人間科)

二つのワークショップをとおして、自分と世界のつながりを発見する。「食べ物から世界が見える」では、私たちの食べ物が世界中の人びとによって支えられていることを実感する。「食べ物の不平等」では、ビスケットを使って世界の食料の不均衡さを擬似体験する。

②命の輝き(中学一年、人間科)

助産師の吉原香織(よしはらかおり)さんから出産の現場についての話を聞き、自分自身の誕生を振り返り、生きることの素晴らしさを再発見する。そして、自分の命やほかの人の命をもっと輝かせるために、自分たちに何ができるかを考える。

③協力するって何だろう(中学二年、人間科)

「四つのコーナー」「協力してつくる四角形（パズル）」「熱帯雨林伐採をめぐるロールプレイ」の三つのワークショップをとおして、一人ひとりの感じ方や考え方の多様性を実感し、複数の人間が協力して合意に到達する道を探す。

④仕事ウオッチング（中学三年、人間科）と社会人講演会（高校一年、人間科）

仕事ウオッチングでは二〇の職場に分かれて仕事を体験し、社会人講演会では一〇人の講師を迎え、分科会に分かれて、仕事について話を聞く。ものをつくる人、働く人の視点から、仕事、生活、社会を見つめることによって、いつも目にしている商品やサービスをつくり出すために、どのような工夫や思いが込められているのかを発見する。そして、仕事への意欲を高める。

⑤現代社会をどう生きるか（高校一年、倫理）

ＫＪ法を使って生徒が自分たちの生活や社会に関する一〇の質問に答え、それを五～六人のグループで分類・整理し、図解化する。最後に、全員の前で図解を発表する。生徒は議論しながらの協働作業をとおして、仲間や社会とのつながりを深める。(3)

⑥小論文作成とプレゼンテーション（高校一年、倫理）

前期と後期の二回、「現代社会の課題」「共に生きるとは」というテーマで、生徒がタイトルを自由に設定して小論文を作成する。作成後は、各クラスで小論文のプレゼンテーションを行う。生徒一人ひとりが社会の問題を見つけて解決策を考え、クラスでそれを共有して、社会に積極的に参加する意欲を高める。

⑦異文化体験から何を学ぶか（高校二年、人間科）

修学旅行でそれぞれの生徒が体験した文化、人・自然・社会とのつながりを発表し、異なる文化をもつ人びとが共に生きられる社会をつくる意欲を高める。

⑧生と死について考える（高校二年、人間科）

一人ひとりの身近な人や動物の死を振り返り、さらに緩和ケア(4)の現場で働く医師の本家好文（ほんけよしふみ）さんの話を聞いて、生と死の意味について考える。そして、充実した生活を築く意欲を高める。

⑨明日への行動（高校三年、人間科）

「パーム油をめぐる問題の解決」（ランキングゲーム）(5)をとおして、私たちが生活のなかで使っているパーム油をめぐる問題を知り、それを解決するための行動を考える。さらに、国際民衆保健協議会（IPHC）アジア・太平洋地域コーディネーターの池住義憲（いけずみよしのり）さんから、日本とアジアでの市民運動の実践を聞き、どのような問題でもかかわり続けていけば変化が可能となることを学ぶ。

♪生きる力を引き出すのがおとなの役割

卒業生たちと話をしていると、彼らが中・高生のころの学習活動をとおしてさまざまな学びをし、それらが互いにつながり合いながら発展していることを、あらためて確信する。つまり、中・高生のときに学んだことが大学で勉強をしているときに活かされ、また新たな発展をしているのだ。「学ぶ」とは、実に不思議な効果をもたらす。

一つ一つの学びが生徒のなかで時間をかけて、ゆっくり、ゆっくり、つながっていく。なかには、何年も経過してから、あるできごとや体験の意味を発見する場合もある。子どもたちが何を学び、それがどう発展しているか、本人にもまわりのおとなにもよく見えないときもある。しかし、子どもたちのなかに蒔かれた種は確実に芽を出し、成長をとげていく。

今の日本には、生きにくいと感じている子ども、生きている実感をもちにくい子どもがたくさんいる。そうした子どもたちが、サラワクで人や共同体や自然とつながり、命にふれて生き返ったように感じる。わずか一〇日間の体験が、生徒を劇的に変える。しかも、体験前の準備と体験後の整理を充実させ、学校とNGOが連携し、学校内のさまざまな学習活動をつなぐことによって、体験がどんどん深まっていく。これまでの経験から、ぼくはそれを実感している。

そして、サラワク修学旅行をとおして、生徒たちのなかに人や社会や自然についての優れた感性や、自分や社会を変えようとする高い意欲を発見してきた。子どもたちはちょっとした体験から思わぬ発見をし、それが大きく発展する。子どもたちは、発展と変化への大きな可能性を秘めている。子どもたちのなかにある生きる力を引き出し、子どもたちがいきいきとした人生を送れるように協力するのが、ぼくたちおとなの役割であり、楽しみではないだろうか。

（1）二〇〇二年度高校生エッセイコンテスト（JICA主催）で準特選に選ばれたエッセイ「ロングハウスから見た世界」より。
（2）各教科の学習活動のなかには、サラワク修学旅行の事前学習的な役割を果たす内容がある。事前学習と区別するために、それを「プレ事前学習」と呼んでいる。
（3）二〇〇三年に行われた第一三回日本国際理解教育学会において筆者は、「国際理解教育におけるKJ法の有効性――高等学校倫理『現代社会をどう生きるか』の授業実践を通して」を発表した。KJ法とは、川喜田二郎が考案した、異質のデータや情報を整理・統合することによって新しい発想やアイディアをつくり出す方法である。
（4）「緩和ケア」は、おもに末期ガン患者へのケアを意味し、ホスピスケア、ターミナルケアとほぼ同じ意味で使われている。痛み、だるさ、吐き気、食欲不振、息苦しさといった身体の苦痛を緩和する「緩和医療」を積極的に実施し、精神的ケア、社会的支援、リハビリといった全人的な援助も行う。
（5）あるテーマについてあらかじめ用意された九つの選択肢について、グループごとに優先度の高いものから順位をつけていくワークショップ。グループで意見の相違を乗り越えながら共通のランキングをすることによって、お互いの価値観やものの見方の相違を知り、異なる意見を調整する能力が身につく。ここでは、「パーム油を取り巻く課題を解決する九つの方法」（『モノのこし方・行く末――市民の調査研究』一二一～一二三ページ）についてのランキングを行っている。

おわりに

修学旅行のプログラムは、これまで参加した生徒によって発展してきた。二〇〇二年にサラワクコースに参加した生徒は、屋久島コースに参加した生徒といっしょに、修学旅行のホームページ「プロジェクトＷＡ」を開設した。自分を揺さぶられるような体験をした生徒たちは、その経験を自分のなかにしまっておくことができない。だれかに伝えたい。それがホームページの開設につながっていく。

ぼくは〇三年の日本国際理解教育学会でサラワク修学旅行の報告をすることになり、この「プロジェクトＷＡ」も紹介しようと思った。それを一人の男子生徒に伝えたところ、ホームページ開設の目的や経緯を紹介するパワーポイントをつくってくれた。そのなかに、はっとさせる表現があったのだ。それは「経験の共有財産化」という言葉である。

生徒たちは、体験から学んだことを世代や地域を越えて共有するためにホームページをつくった。自分たちだけでなく、後輩や先輩、学校外の人たちと経験を通じてつながっていきたいという。これを聞いたとき、ぼくは体が震えるような感動を味わった。生徒はすごい！　体験はすごい！

修学旅行を終えた生徒が自分の言葉で経験を語る姿には、いつも迫力を感じる。本物の体験をした生徒は一瞬、言葉を失う。体験をとおして感じたり考えたりした内容を表現する言葉は、すぐには見つからない。生徒たちは苦労しながら言葉を探し、懸命に表現しようとする。こうして自分で見つけ出した言葉こそが自分のものであり、説得力をもつ。これまで、生徒が語る言葉からどれだけ教えられてきたことか。まさに「経験の共有財産化」だ。

このような思いをもっているときに、コモンズの大江正章さんからこの本を出版するように声をかけていただく。ぼくは、コモンズという社名の意味が、ロングハウスの共同体や、経験を共有したいという生徒の思いにぴったりだと思い、不思議な縁を感じた。そして、この機会が与えられたのは本当にうれしく思う。この本を書くことで、サラワク修学旅行の意味がよりいっそう、鮮明になっていったのだから。

五年間の修学旅行で、生徒の気づきや発見を記録した冊子やプリント、ビデオテープはたくさんあった。ぼくのなかにも、伝えたいことがいっぱいある。しかし、いざ本で読者に伝えようとすると、なかなかむずかしい。そんなぼくに本を書く勇気を与え、励まし、協力してくれた多くの方々に、心から感謝したい。また、この本に登場しなかった人も含めて、これまでの歩みのなかでぼくを支え、導いてくれた、日本、ブラジル、メキシコ、サラワクの友人にも、深く感謝している。

この本の本当の著者は、これまでサラワク修学旅行に参加したすべての生徒と、イバンの人たちだと、ぼくは思う。そして、この旅行を最初からいっしょにつくってきた荒川純太郎さん、荒川共生さん、ファビアン・アジャさん、八川有人校長をはじめとする広島工業大学附属中学校・広島高校の教職員各位に心からお礼を申し上げたい。

なお、この本に掲載されているイラストはすべて、サラワク修学旅行に参加した生徒によって書かれたものである。イラストからも生徒の経験を共有していただきたい。

二〇〇四年四月

野中春樹

サラワク修学旅行の日程表(2002年度)

日時	旅　行　日　程	宿　泊　先
7/24	・広島空港～チャンギ空港 ・チャンギ空港～クチン空港(サラワクに到着)	クチン (ホテル)
7/25	・クチン市内散策(サロン購入) ・サラワク博物館、イスラム博物館見学 ・合板工場見学 ・ワークショップとレクチャー(2日間の感想発表など)	クチン (ホテル)
7/26	・アブラヤシ・プランテーション見学 ・日本人墓地見学 ・クチン空港～シブ空港 ・アジャさん宅にて歓迎パーティ ・夜店訪問(希望者のみ)	シブ (ホテル)
7/27	・SCS事務所訪問 ・朝市見学 ・エキスプレスボートでルマ・セリ村へ ・入村セレモニー(儀式で豚をしめる) ・初めてのマンディ(水浴び) ・ルマ・セリ村での歓迎パーティ(イバンダンスを踊る)	ルマ・セリ村 (ホームステイ)
7/28	・共同台所づくり、豚の解体・調理 ・文化交流ワークショップ(カルチャーボックス)	ルマ・セリ村 (ホームステイ)
7/29	・ルマ・セリ村の農園・果樹園見学 ・お好み焼きづくり ・ロングハウス住民へのインタビュー ・カエル捕り(希望者のみ)	ルマ・セリ村 (ホームステイ)
7/30	・自由選択プログラム 　農耕・漁業・小学校の訪問・イバンバスケットづくり・イバン料理 ・振り返りミーティング	ルマ・セリ村 (ホームステイ)
7/31	・ジャングルウォーキング ・さよならパーティ(夜中まで)	ルマ・セリ村 (ホームステイ)
8/ 1	・ロングハウスを出発(涙のお別れ) ・エキスプレスボートでシブへ ・アジャさん、SCSのみなさんとの昼食会 ・シブ空港～クチン空港(アジャさんとお別れ)	クチン (ホテル)
8/ 2	・振り返りミーティング ・クチン市内自由散策 ・クチン空港～チャンギ空港 ・チャンギ空港～	機内
8/ 3	・日本に帰国	

〔参考文献〕

①書籍

アースデイ◎日本編『豊かさの裏側——私たちの暮らしとアジアの環境』学陽書房、一九九二年。

荒川純太郎『アジアの地下水——サラワクの自然と人々』新教出版社、一九八二年。

荒川純太郎『アジアの種子』日本基督教団出版局、一九九〇年。

アルフレッド・R・ウォーレス著、新妻昭夫訳『マレー諸島(上・下)』ちくま学芸文庫、一九九三年。

アンドロ・リンクレーター著、香西史子訳『サラワク——精霊の森』凱風社、一九九六年。

井上真『熱帯雨林の生活——ボルネオの焼畑民とともに』築地書館、一九九一年。

井上真『焼畑と熱帯林——カリマンタンの伝統的焼畑システムの変容』弘文堂、一九九五年(品切)。

イブリン・ホン著、北井一・原後雄太訳『サラワクの先住民——消えゆく森に生きる』法政大学出版局、一九八九年。

W・ヴィーヴァーズ-カーター著、渡辺弘之監訳『熱帯雨林の植物誌——東南アジアの森のめぐみ』平凡社、一九八六年(品切)。

内田道雄『サラワクの風——ボルネオ・熱帯雨林に暮らす人びと』現代書館、一九九九年。

内堀基光『森の食べ方』東京大学出版会、一九九六年。

馬橋憲男『熱帯林ってなんだ』築地書館、一九九一年。

大津和子・溝上泰編『国際理解　重要用語三〇〇の基礎知識』明治図書出版、二〇〇〇年。

京都自由学校調査研究入門講座編『あるいて みて きいたモノのこし方・行く末——市民の調査研究』京

都自由学校、二〇〇一年。

黒田洋一／フランソワ・ネクトゥー『熱帯林破壊と日本の木材貿易』築地書館、一九八九年（品切）。

社団法人日本林業技術協会編『熱帯林の一〇〇不思議』東京書籍、一九九三年。

竹内直一編『熱帯雨林とサラワク先住民族――人権とエコロジーを守るたたかい』明石書店、一九九三年。

鶴見良行・宮内泰介編著『ヤシの実のアジア学』コモンズ、一九九六年。

日本学術振興会編『東南アジアの植物と農林業』日本学術振興会（丸善）、一九八九年。

原後雄太『熱帯林の冒険――サラワクの先住民を訪ねて』洋泉社、一九八九年。

ベス・リシャロン『先住民とともに生きる』岩波書店、一九九四年。

望月雅彦『ボルネオ・サラワク王国の沖縄移民』ひるぎ社、一九九四年。

望月雅彦『ボルネオに渡った沖縄の漁夫と女工』ボルネオ史料研究室、二〇〇一年。

レドモンド・オハンロン著、白根美保子訳『ボルネオの奥地へ』めるくまーる社、一九九〇年。

渡辺弘之『東南アジア林産物二〇の謎』築地書館、一九九三年（品切）。

②論文

荒川共生「サラワクへの修学旅行――学校とNGOとの連携」NGO情報局編『いっしょにやろうよ国際ボランティア　NGOガイドブック』三省堂、二〇〇一年。

荒川共生「サラワク州への修学旅行――学校とNGOとの連携」開発教育協会『開発教育』四四号、二〇〇一年。

風巻浩「学校とNGO・NPO　市民力を形成する場としての学校」日本子どもを守る会編『子ども白書二〇〇三』草土文化、二〇〇三年。

祖田亮次「サラワク・イバン人社会における都市への移動とロングハウス・コミュニティの空洞化」『地理学評論』七二巻一号、一九九九年。

祖田亮次「サラワク・イバン人社会における私的土地所有観念の形式」『人文地理』五一巻四号、一九九九年。

野中春樹「地球市民としての生き方を考える国際理解教育——高等学校研修旅行『サラワク・スタディーツアー』の実践を通して」帝塚山学院大学国際理解研究所『国際理解』三四号、二〇〇三年。

③ホームページ

アジアボランティアセンター http://www.ne.jp/asahi/avc/earth/
開発教育教会 http://www.dear.or.jp/
共生庵 http://www.enjoy.ne.jp/~juntaro/
サラワクの夏 http://www.yamato.ne.jp/~mar/iban.htm
サラワクの森・街・ひと http://mc 1.zero.ad.jp/~zav 39473/
帝塚山学院大学国際理解研究所 http://www.tezuka-gu.ac.jp/from toppage/kokuri/top.html
日本国際理解教育学会 http://www 2.ocn.ne.jp/~kokusaig/
広島工業大学附属中学校・広島高校 http://www.it-hiroshima.ed.jp
プロジェクトWA http://ww 6.enjoy.ne.jp/~ktng/
ボルネオ・リンクス http://www.borneo.ac/link 1.htm
ボルネオ歴史事典 http://www 3.ocn.ne.jp/~pcj 2 a/
Website ボルネオ研究 http://www.borneo.ac/

〈著者紹介〉

野中春樹（のなか・はるき）
1953 年　大阪市生まれ。
1978 年　上智大学文学部哲学科卒業。
1978～86 年　ブラジル・メキシコで神学を学ぶ。
1986～91 年　ブラジルで司祭などとして働く。
1992 年～　広島工業大学附属中学校・広島高校に社会科教諭として勤務。日本国際理解教育学会、開発教育協会会員。

生きる力を育てる修学旅行
二〇〇四年五月三〇日　初版発行
著　者　野中春樹

発行者　大江正章
発行所　コモンズ
東京都新宿区下落合一-五-一〇-一〇〇二
TEL〇三（五三八六）六九七二
FAX〇三（五三八六）六九四五
振替　〇〇一一〇-五-四〇〇一二〇
info@commonsonline.co.jp
http://www.commonsonline.co.jp/
印刷／東京創文社・製本／東京美術紙工
乱丁・落丁はお取り替えいたします。
ISBN 4-906640-78-8 C 0036